GUIA PRÁTICO

COMO PREVENIR A COVID-19 EM ESTABELECIMENTOS DE ENSINO

GUIA PRÁTICO

COMO PREVENIR A COVID-19 EM ESTABELECIMENTOS DE ENSINO

Karine Bresolin

1ª edição

Guia prático - Como prevenir a COVID-19 em estabelecimentos de ensino

Publisher Edgard Blücher

Editor Eduardo Blücher

Coordenação editorial Jonatas Eliakim

Produção editorial Kedma Marques

Diagramação e capa Laércio Flenic

Revisão de texto Beatriz Carneiro

Imagem da capa Canva

Assessor técnico e de edição Thomas Berg

Blucher

Rua Pedroso Alvarenga, 1245, 4° andar
04531-934 – São Paulo – SP – Brasil
Tel 55 11 3078-5366
contato@blucher.com.br
www.blucher.com.br

Segundo Novo Acordo Ortográfico, conforme 5. ed. do *Vocabulário Ortográfico da Língua Portuguesa*, Academia Brasileira de Letras, março de 2009.

Dados Internacionais de Catalogação na Publicação (CIP)
Angélica Ilacqua CRB-8/7057

Souza, Karine Bresolin de
Guia prático - Como prevenir COVID-19 em estabelecimentos de ensino / Karine Bresolin de Souza -- São Paulo: Blucher, 2021
144p.

Bibliografia
ISBN 978-65-5506-173-4 (impresso)
ISBN 978-65-5506-174-1 (eletrônico)

1. COVID-19 (doença) 2. COVID-19 – Prevenção 3. Instituições de ensino I. Título

21-2636 CDD 616.91

Índices para catálogo sistemático:
1. COVID (doença)

Agradecimentos

Ao meu melhor amigo e companheiro de vida pelo apoio e paciência e por não me deixar desistir. Aos meus pais pelo incentivo e por acreditarem em mim.

Prefácio

Assim como o mundo está cada vez mais interligado, os riscos que enfrentamos como sociedade também estão. A pandemia da COVID-19 atravessou fronteiras e está afetando a todos, independentemente da nacionalidade, nível de educação, renda ou gênero. Nesse contexto, a educação também está sendo afetada: em todos os nichos e níveis, o ensino convencional foi interrompido com o fechamento de escolas, trazendo consequências para o aprendizado que ainda desconhecemos.

Para muitos estudantes, o ensino não continua enquanto as escolas estão fechadas. Nesta pandemia, alunos com deficiências ou com menos recursos são os que estão com seu aprendizado mais prejudicado. No entanto, mesmo quando possuem todas as condições para levar adiante seus estudos com sucesso, os jovens encontram dificuldades em aprender apenas através da tela de um aparelho. Muitos estudantes não possuem a perseverança, a resistência e o apoio para aprender por conta própria e correm o risco de ficar para trás.

A atual pandemia também está causando um impacto severo no Ensino Superior à medida que as universidades fecharam suas portas e os países, suas fronteiras. Embora algumas instituições tenham substituído rapidamente o ensino presencial pelo *on-line*, essas salas fechadas também afetam a qualidade do aprendizado. Para permanecer relevantes, as universidades necessitam reinventar seus ambientes de ensino, tanto para que a digitalização se expanda quanto para que possam receber alunos com segurança em laboratórios, por exemplo.

Sem sombra de dúvida, a reabertura das instituições de ensino traz benefícios inquestionáveis para estudantes, professores e sociedade como um todo, incluindo benefícios econômicos, ao permitir que adultos responsáveis por crianças voltem a trabalhar. Porém, os esforços para a reabertura das escolas devem ser cuidadosamente ponderados, pois sem protocolos robustos e pessoal treinado tais esforços poderão ser em vão. Em vista disso, as informações contidas neste guia oferecem um alicerce indispensável para as instituições de ensino na tarefa árdua de reabrirem e permanecerem abertas com segurança durante a pandemia. Neste momento, as escolas podem se tornar um importante pilar para a sociedade, não apenas para a educação, mas também para a mitigação dos impactos desta pandemia sem data para terminar. Será a natureza de nossas ações que irá determinar como sairemos dessa crise.

Conteúdo

1

Introdução

1.1 Como usar este guia

Este guia foi feito para descomplicar e agilizar a organização dos locais de ensino em tempos de pandemia; por isso, quase todo o texto foi colocado em itens, que facilitam a leitura e vão direto ao ponto. Ele pode ser lido facilmente na ordem apresentada, mas também pode ser usado para consultas. Feito com um índice de assuntos bem detalhado, o guia possibilita a leitura dos tópicos na ordem mais apropriada às necessidades do leitor, de forma a sanar prontamente suas principais dúvidas.

As páginas contendo as informações mais importantes e abrangentes podem ser encontradas na seção "Anexos". Elas foram editadas de forma a possibilitar fotocópias (ou servir como exemplo) para avisos importantes que a escola necessite afixar nos corredores, salas de aula e demais dependências da instituição.

1.2 A nova doença COVID-19

COVID-19 é o nome dado pela Organização Mundial da Saúde (OMS) para a doença respiratória infecciosa provocada pelo novo coronavírus (SARS-CoV-2), identificado pela primeira vez em Wuhan, China, em dezembro de 2019. O vírus recebeu esse nome graças à sua superfície espinhosa em formato de coroa. Ele faz parte de uma grande família de vírus que infectam pessoas e muitas espécies diferentes de animais (CDC, 2021h). Existem muitos tipos de coronavírus humanos, incluindo alguns que causam doenças leves no trato respiratório superior (PASCARELLA et al., 2020), porém a COVID-19 é uma nova doença, causada por um novo coronavírus que nunca foi identificado anteriormente em humanos.

A maioria das pessoas infectadas com o vírus da COVID-19 experiencia problemas respiratórios leves a moderados e se recupera sem precisar de hospitalização, mas algumas apresentam sintomas graves e são levadas a óbito (PASCARELLA et al., 2020). Alguns grupos, incluindo adultos idosos e pessoas com certas condições médicas (como diabetes e doenças respiratórias e cardíacas), estão em maior risco de apresentar formas graves da doença (CDC, 2021a).

1.3 Principais sintomas da COVID-19 (Anexo 1)

O mais importante a fazer quando alguém apresentar alguns dos sintomas a seguir é **ficar em casa e longe de outras pessoas**. Observe que alguns sintomas da COVID-19 são os mesmos da gripe ou de um resfriado comum, mas mesmo em caso de dúvidas as precauções preventivas devem ser tomadas. Os principais sintomas da COVID-19 são (PASCARELLA et al., 2020; CDC, 2021a):

- Febre (temperatura corporal igual ou superior a 37,6 °C)
- Calafrios ou tremores
- Tosse
- Dificuldade para respirar ou falta de ar
- Perda de paladar ou olfato
- Dor de garganta

- Dor de cabeça, quando em combinação com outros sintomas
- Dores musculares ou no corpo
- Náuseas, vômitos ou diarreia
- Fadiga, quando em combinação com outros sintomas
- Congestão ou corrimento nasal (que não seja um sintoma de outras condições de saúde, como alergias), quando em combinação com outros sintomas

Importante: A presença de vários dos sintomas listados geralmente sugere que um aluno, professor ou membro da equipe escolar tem uma doença infecciosa. Assim sendo, esta pessoa não deve frequentar a escola, independentemente de a doença ser COVID-19 ou não.

1.4 Como ocorre a propagação do vírus da COVID-19

A COVID-19 é uma doença respiratória, logo sua principal via de propagação é de pessoa para pessoa quando alguém infectado tosse, espirra ou fala (PASCARELLA et al., 2020). Quando isso ocorre, as gotículas respiratórias da pessoa infectada pelo vírus SARS-CoV-2 podem chegar ao nariz, à boca ou aos olhos de outras pessoas, que deste modo também podem ser infectadas (MORAWSKA e CAO, 2020).

Pesquisas mais recentes sugerem que a transmissão da COVID-19 através do ar tem um papel maior do que se pensava anteriormente. Novas evidências mostraram que o vírus pode se espalhar por meio de gotículas respiratórias microscópicas que se locomovem por vários metros em espaços fechados (SOMSEN et al., 2020). Já ao ar livre, essas gotículas se evaporam e se dispersam mais rapidamente. Portanto, o risco é maior em ambientes internos, onde a ventilação é limitada e onde as gotículas respiratórias podem permanecer no ar por longos períodos (LIU et al., 2020).

As gotículas contendo o vírus também podem contaminar objetos e superfícies nas proximidades de alguém infectado. Por isso, é possível se infectar tocando em uma superfície, um objeto ou uma mão contaminada, através de puxadores de portas ou apertos de mãos, e depois tocar na sua própria boca, nariz ou olhos (BYAMBASUREN et al., 2020; PASCARELLA et al., 2020). Estudos avaliaram a sobrevivência do vírus causador da COVID-19 em diferentes superfícies e concluíram que este pode permanecer viável por até 72 horas em plástico e aço inoxidável, até 4 horas em cobre e até 24 horas em papelão (DOREMALEN et al., 2020). Portanto, o cuidado com a higiene das superfícies e objetos presentes nas dependências de ensino é algo indispensável.

A COVID-19 pode ser disseminada por pessoas que não estão apresentando sintomas. Em geral, quanto mais próxima e mais longa é a interação entre as pessoas, maior é o risco de propagação da doença (BYAMBASUREN et al., 2020). Por outro lado, foram raros os casos registrados da COVID-19 em que pessoas infectaram seus animais de estimação e vice-versa . Isso ocorreu depois de um contato muito próximo e prolongado entre eles enquanto estavam doentes, mas a probabilidade de isso acontecer é bastante baixa (CDC, 2021h).

O período de incubação do novo coronavírus em uma pessoa infectada é de aproximadamente 2 a 14 dias, e o período de transmissibilidade ocorre principalmente após o aparecimento dos primeiros sintomas, quando a carga viral na pessoa infectada é maior. Porém, estudos já demonstraram que pacientes assintomáticos são importantes transmissores do vírus (TAN et al., 2020). O vírus também sobrevive em fezes de pessoas infectadas, portanto existe a possibilidade da transmissão fecal-oral (LIU et al., 2021). Sendo assim, a lavagem das mãos após a utilização de banheiros é uma prática essencial.

1.5 Vacinação e imunização contra a COVID-19

- Os principais **benefícios da vacinação** contra a COVID-19 são a redução dos riscos de a pessoa vacinada ficar gravemente doente e a diminuição das chances de ela passar a doença para outras pessoas, caso seja infectada (CDC, 2021c).
- São consideradas **totalmente imunizadas** as pessoas vacinadas contra a COVID-19 após 2 semanas tanto da segunda dose da vacina (para vacinas com duas doses) quanto da vacina de dose única (CDC, 2021c).
- As pessoas totalmente imunizadas ainda devem (CDC, 2021c):

- Usar máscaras corretamente, praticar distanciamento físico e manter todas as medidas de prevenção ao visitar pessoas não vacinadas;
- Evitar reuniões presenciais de médio e grande porte;
- Manter-se atentas aos sintomas da COVID-19, especialmente após o contato com alguém com suspeita ou confirmação da doença;
- Fazer o teste se tiverem sintomas da COVID-19.

1.5.1 A transmissibilidade da COVID-19 por pessoas totalmente imunizadas (CDC, 2021c)

- As pessoas totalmente imunizadas (ver definição na seção anterior) têm uma menor probabilidade de apresentar uma infecção assintomática ou de transmitir a COVID-19 para outras pessoas.
- Embora o risco seja mínimo, a pessoa totalmente imunizada deve estar ciente de seu risco potencial de transmitir o vírus para outras pessoas se ela for infectada.
- O tempo de duração da imunização e quantas vacinas protegem contra as variantes emergentes é algo que ainda está sob investigação.
- Todas as pessoas que desenvolverem sintomas da COVID-19, independentemente do *status* de vacinação, devem se isolar e ser testadas para a doença.
- As pessoas totalmente imunizadas e sem sintomas da COVID-19 não precisam ser submetidas a quarentena ou a testes após o contato com alguém com suspeita ou confirmação da doença, pois seu risco de infecção é baixo.
- As pessoas totalmente imunizadas que não fizerem quarentena devem monitorar possíveis sintomas da COVID-19 durante 14 dias após seu contato com alguém possivelmente infectado. Se apresentarem sintomas, devem isolar-se, ser testadas e informar a escola sobre seu *status* de vacinação e saúde.

1.5.2 A imunização natural dos que contraíram a COVID-19 (CDC, 2021c)

- Ter contraído a COVID-19 pode oferecer alguma proteção (imunidade natural), mas o risco de doença grave e morte supera de longe qualquer benefício da imunidade natural. Portanto, a vacinação ainda é a alternativa mais segura.
- Evidências atuais sugerem que a reinfecção com o vírus que causa a COVID-19 é incomum nos primeiros meses após a infecção inicial, mas as chances de reinfecção aumentam com o passar do tempo.
- Um conjunto crescente de evidências sugere que pessoas totalmente imunizadas (≥ 2 semanas após receber a segunda dose de uma vacina de duas doses ou ≥ 2 semanas após receber uma dose de uma vacina de dose única) têm uma probabilidade baixa de serem infectadas, e caso isso ocorra elas dificilmente apresentarão sintomas (infecção assintomática). Portanto, pessoas totalmente imunizadas têm menor probabilidade de espalhar o vírus da COVID-19.

1.6 Grupo de risco e formas graves da COVID-19

As pessoas no grupo de risco são aquelas que, devido a condições de saúde preexistentes, estão em risco de ficar gravemente doentes ao contrair a COVID-19 (PASCARELLA et al., 2020). Os adultos mais idosos têm maiores chances de precisar de hospitalização ou de apresentar sintomas graves se forem diagnosticados com COVID-19, e quanto maior for a idade, maior o risco. Ao apresentar a forma grave da COVID-19, a pessoa infectada corre um risco maior de vida e pode precisar de hospitalização, cuidados intensivos e de um ventilador para ajudá-la a respirar.

Adultos de qualquer idade com as seguintes condições estão mais propensos a ficar gravemente doentes com a COVID-19 (CDC, 2021j):

- Gravidez
- Câncer
- Sobrepeso e obesidade

- Fumante ou ex-fumante
- Doença renal crônica
- Doenças cardíacas
- Doenças hepáticas
- Síndrome de Down
- Doenças pulmonares crônicas
- Anemia falciforme ou talassemia
- Distúrbios de uso de substâncias
- Demência ou outras condições neurológicas
- HIV (vírus da imunodeficiência humana, causador da aids)
- Imunocomprometimento (estar com o sistema imunológico enfraquecido)
- Transplantados de órgãos sólidos ou de células-tronco sanguíneas
- Doença do AVC ou cerebrovascular, que afeta o fluxo sanguíneo para o cérebro

1.6.1 Formas graves da COVID-19 em crianças e adolescentes (CDC, 2021g)

- Embora crianças e jovens tenham sido menos afetados pela COVID-19 em comparação aos adultos, as crianças podem ser infectadas e desenvolver sintomas graves.
- Crianças infectadas com a COVID-19 que possuem condições médicas subjacentes correm um risco maior de apresentar sintomas graves em comparação às crianças sem tais condições.
- Dados recentes sugerem que crianças com certas condições genéticas, neurológicas, metabólicas ou com doenças cardíacas congênitas têm maiores chances de apresentar sintomas graves da COVID-19.
- Semelhante aos adultos, crianças com obesidade, diabetes, asma ou doença pulmonar crônica, anemia falciforme ou imunossupressão

também podem estar em risco aumentado de apresentar sintomas graves da COVID-19.

- Um meio de proteger a saúde das crianças é assegurar que todos os adultos da família sejam vacinados contra a COVID-19.

1.6.2 Síndrome inflamatória multissistêmica em crianças (MIS-C) (CDC, 2021g)

- A síndrome inflamatória multissistêmica em crianças (MIS-C) é uma condição associada à COVID-19 em que diferentes partes do corpo podem ficar inflamadas, incluindo coração, pulmões, rins, cérebro, pele, olhos e órgãos gastrointestinais.
- A MIS-C pode levar a sintomas graves e até mesmo à morte, mas a grande maioria das crianças diagnosticadas com esta condição se recupera ao receber atendimento médico.
- De acordo com o CDC (*Centers for Disease Control and Prevention*), a maioria das crianças que ficam doentes com MIS-C precisam ser tratadas no hospital, enquanto algumas precisam ser tratadas na unidade de terapia intensiva pediátrica (UTI).
- Os pais ou responsáveis que perceberem problemas de saúde em uma criança, incluindo sintomas da COVID-19 ou MIS-C, devem procurar ajuda imediata de um pediatra ou outro profissional de saúde.
- Com base no que sabemos atualmente sobre a MIS-C, a melhor maneira de proteger as crianças é tomar ações cotidianas para evitar que elas ou alguém próximo contraia o vírus causador da COVID-19.
- Os principais sintomas de MIS-C são (CDC, 2021g):

- Febre
- Dores abdominais
- Vômitos
- Diarreia

- Dor no pescoço
- Irritação ou erupções na pele
- Olhos vermelhos
- Cansaço

Observação: Nem todas as crianças terão os mesmos sintomas.

Importante: Procure atendimento de emergência imediatamente se uma criança apresentar algum dos seguintes sintomas de MIS-C (CDC, 2021g):

- Problemas respiratórios
- Dor ou pressão no peito que não desaparece
- Confusão mental
- Incapacidade de acordar ou permanecer acordado
- Pele, lábios ou raiz das unhas de cor pálida, cinza ou azul
- Dor abdominal severa

2

Medidas preventivas e de higiene pessoal

As práticas preventivas de higiene pessoal e outras medidas descritas neste capítulo são um importante alicerce para manter os ambientes de ensino e seus frequentadores seguros, pois ajudam a evitar a transmissão do vírus nesses espaços. As escolas podem ser um pilar e um exemplo na prevenção da COVID-19 e assim contribuir para reduzir o número de mortos e doentes através da educação e do combate às *fake news* que surgem sobre a pandemia.

As medidas descritas neste capítulo precisam ser ensinadas, praticadas e repetidas com frequência, se adequando à idade dos alunos e ao tipo de instituição de ensino. A recapitulação frequente das principais medidas preventivas deverá contribuir fortemente para que todos dentro da comunidade escolar (toda a equipe de trabalho da escola, alunos e pais) tenham condições de manter a si e aos outros livres da COVID-19. Para isso, estas práticas preventivas devem ser adotadas até se tornarem um hábito.

Não se sabe até quando estaremos convivendo com a COVID-19, por isso o quanto antes os ambientes escolares se adaptarem a esta realidade, melhores e mais seguras serão as escolas, além de mais aptas a manter-se funcionando. Neste capítulo estão descritas as principais estratégias de higiene e saneamento comprovadamente eficazes no combate à disseminação da COVID-19, que devem ser seguidas por todos os frequentadores da instituição de ensino.

Evidências sugerem que muitas escolas cujas estratégias de prevenção eram estritamente implementadas foram capazes de abrir com segurança para instrução presencial e permanecer abertas (CDC, 2021d).

2.1 Medidas preventivas gerais (Anexo 2)

Ensinar e praticar uma boa higiene e encorajar todos dentro do ambiente escolar a fazer o mesmo contribui muito para criar ambientes educacionais livres de surtos de COVID-19. Para atingir esta meta, vejamos as principais medidas preventivas (UNICEF, 2020a):

- Cobrir a boca e o nariz com um lenço descartável dobrado ao tossir ou espirrar. Eliminar o tecido usado imediatamente em lixeira com tampa e higienizar as mãos em seguida.
- Na falta de um lenço descartável, cobrir a boca e o nariz com a parte interna do cotovelo ao tossir ou espirrar.
- Todos os frequentadores da escola devem usar máscara ao pegar o transporte público, ficar em lugares com grande circulação ou permanência de pessoas e enquanto estiverem na escola.
- É importante usar máscara corretamente (ver seção 2.2.4), o que inclui a higiene das mãos antes e após sua remoção.
- Não compartilhar objetos pessoais como copos, talheres, toalhas e outros.
- Evitar o contato próximo com qualquer pessoa, especialmente as que apresentarem sintomas de doenças respiratórias, como tosse e espirros.
- Se alunos ou funcionários apresentarem febre ou sintomas respiratórios, estes devem abster-se de frequentar a escola, fazer quarentena de 14 dias e procurar orientação médica prontamente. Ver seção 1.1 para conhecer os principais sintomas da COVID-19.

- Construir uma boa imunidade corporal tendo uma dieta balanceada, exercícios físicos regulares, exposição moderada ao sol (para obtenção de vitamina D), descanso adequado, assim como evitar fumar ou consumir bebidas alcoólicas.

2.1.1 Quando higienizar as mãos (Anexo 3)

As mãos, quando contaminadas com COVID-19, podem ser uma fonte de transmissão da doença, tanto através do toque em objetos contaminados quanto pelo uso delas na hora de espirrar ou tossir. Para prevenir o contágio e a transmissão da COVID-19, é importante fazer a higiene das mãos adequadamente e sempre que necessário, sobretudo nas seguintes situações:

- Antes e depois de tocar nos olhos, nariz ou boca
- Antes e depois de comer
- Depois de usar o banheiro
- Depois de tocar em instalações públicas, como corrimões, torneiras, puxadores ou maçanetas de porta
- Depois de assoar o nariz, tossir ou espirrar, ou após tocar em objetos potencialmente contaminados
- Sempre que as mãos estiverem visivelmente sujas

2.1.2 Como lavar corretamente as mãos (Anexo 4)

1. Molhar as mãos com água corrente e limpa.
2. Aplicar sabão nas mãos e esfregá-las, incluindo as costas das mãos, entre os dedos e sob as unhas durante pelo menos 20 segundos.
3. Enxaguar bem com água corrente.
4. Secar com uma toalha de uso único ou secador de mãos, conforme disponível.

***Observações*:**

- Quando as mãos não estiverem visivelmente sujas, podem ser higienizadas com álcool a 70% – uma alternativa eficaz à lavagem com água e sabão.
- O uso e compartilhamento de toalhas de tecido deve ser evitado, pois elas podem ser um meio de disseminação da COVID-19.

2.2 Considerações sobre o uso de máscaras faciais

As máscaras faciais são recomendadas como uma simples barreira para ajudar a evitar a troca de gotículas respiratórias que contenham o vírus entre as pessoas através do ar, quando alguém tosse, espirra ou fala. Diversos estudos clínicos e laboratoriais mostraram que as máscaras reduzem o *spray* de gotículas quando usadas sobre o nariz e a boca (HOWARD et al., 2021). A COVID-19 se espalha principalmente através do ar entre pessoas que estão em contato próximo umas das outras, portanto o uso de máscaras é particularmente importante em ambientes onde existe a permanência ou a circulação de várias pessoas (CDC, 2021b). Vejamos algumas considerações sobre o uso de máscaras faciais:

- O uso de qualquer máscara facial, independentemente do material, é mais seguro do que não usar máscara. Ao usar uma máscara, que cubra o nariz e boca, a pessoa está protegendo a si e aos outros (UNICEF, 2020b).
- A COVID-19 pode ser disseminada por pessoas que não têm sintomas e não sabem que estão infectadas. Por isso, é importante que todos usem máscara em locais públicos e pratiquem o distanciamento social (BYAMBASUREN et al., 2020).
- Embora as máscaras sejam de grande importância para reduzir a propagação da COVID-19, existem casos em que o uso de máscara pode não ser viável. Para esses casos, adaptações e alternativas devem ser consideradas sempre que possível (ver seções 2.2.3 e 2.2.5).
- Aqueles que necessitarem cuidar de alguém doente com COVID-19 em casa ou em ambiente hospitalar devem usar máscara.

- O uso de máscaras deve ser exigido em ônibus escolares e outros transportes públicos.
- Máscaras não devem ser usadas por praticantes de atividades aquáticas, pois uma máscara molhada irá dificultar a respiração. Para atividades como natação, é particularmente importante manter o distanciamento.
- O suor pode fazer com que a máscara em uso se molhe, o que dificulta a respiração e facilita o desenvolvimento de microrganismos. Por isso, o ideal é ter sempre máscaras limpas para substituição.
- Pessoas envolvidas em atividades de alta intensidade, como correr, podem não conseguir usar máscara se ela causar dificuldades para respirar. Nestes casos, deve ser considerada a realização da atividade em um local com maior ventilação e que seja possível manter o distanciamento social adequado.
- Entre pessoas surdas ou que necessitem de leitura de lábios para a comunicação deve ser considerado o uso de uma máscara transparente ou comunicação escrita.
- Algumas pessoas deficientes ou com sensibilidades sensoriais podem ter dificuldades em usar máscara. Nestes casos, é importante consultar um especialista para obter conselhos sobre o uso de máscara adequado para a pessoa em questão.
- As máscaras com válvulas ou respiradores unidirecionais permitem que o ar seja exalado através de um orifício, o que pode resultar em gotas respiratórias expelidas que alcancem outras pessoas. Este tipo de máscara não impede que a pessoa transmita a COVID-19 (CDC, 2021b). Portanto, não é recomendado o uso deste tipo de máscara em estabelecimentos de ensino.

2.2.1 O uso de máscaras por crianças menores de 5 anos

- A UNICEF (United Nations International Children's Fund, 2020b) e a OMS (2020d) recomendam que crianças de até 5 anos ou menos não sejam obrigadas a usar máscaras por longos períodos. Porém, em algumas situações de maior risco de contágio, o uso de máscara por um curto período é recomendado.

- É indicado que crianças a partir de 2 anos de idade usem máscara em locais públicos e na presença de pessoas que não vivem em sua casa, especialmente quando o distanciamento social adequado for difícil de manter (WHO, 2020d).
- Dentro do ambiente escolar, o uso de máscaras por crianças pequenas (entre 2 e 5 anos) pode ser obrigatório apenas quando for difícil manter o distanciamento social determinado (ver seções 2.4 e 3.4), como durante o período de entrada e saída ou filas em locais pequenos.
- É importante assegurar o tamanho e o ajuste adequados da máscara de crianças. Uma máscara infantil deve cobrir a boca, o nariz e o queixo e não deve ter sobras nas laterais ou bloquear sua visão.
- As crianças devem conseguir respirar confortavelmente com suas máscaras enquanto andam e falam.

2.2.2 O uso de máscaras e a inalação de dióxido de carbono (CDC, 2021d)

O uso de máscaras não eleva o nível de dióxido de carbono (CO_2). Uma máscara de tecido não proporciona um ajuste hermético no rosto do usuário, portanto o CO_2 escapa completamente para o ambiente quando a pessoa expira ou fala, pois suas moléculas são pequenas o suficiente para passar facilmente através de qualquer máscara de tecido. Já as gotículas respiratórias que podem conter o vírus causador da COVID-19 têm um tamanho muito maior do que as moléculas de CO_2. Deste modo, elas não podem atravessar facilmente uma máscara de tecido projetada e usada corretamente.

2.2.3 Como escolher o tipo de máscara facial mais adequado

- Qualquer que seja o tipo de cobertura facial escolhida, ela deve cobrir o nariz, a boca e o queixo e ser fixada com amarras que sejam elásticas para um melhor ajuste.

- Máscaras de uso único devem ser usadas apenas em casos de extravio ou danos à máscara têxtil.
- Máscaras com válvulas de exalação, feitas com tecido de tramas largas ou que não se encaixam nas laterais do rosto, nariz e queixo, **não são eficientes** e aumentam os riscos da pessoa que as usa de contrair a COVID-19 (UNICEF, 2020b).
- **Máscaras de tecido** devem ser preferidas para o uso diário de pessoas saudáveis. Uma máscara eficiente deve ter duas ou três camadas respiráveis de tecido. A eficácia deste tipo de máscara depende dos tipos de tecido utilizados e do número de camadas. Os tecidos mais eficientes são os de trama mais densa, tais como 100% algodão ou misturas de outros materiais com algodão (UNICEF, 2020b). A UNICEF (2020b) recomenda o uso de uma máscara com três camadas compostas de:

- Uma camada interna de material absorvente, como o algodão.
- Uma camada média de um material não têxtil, como o polipropileno.
- Uma camada externa de material não absorvente, como poliéster ou mistura de poliéster.

- **Máscaras médicas** são recomendadas apenas para aqueles em grupo de risco ou com membros próximos da família em grupo de risco ou com sintomas de COVID-19 (UNICEF, 2020b). Ver seção 1.4 para saber sobre grupos de risco.
- **Máscaras transparentes** (de tecido com um painel de plástico transparente) são uma alternativa para quem interage com:

- Crianças pequenas ou aprendendo a ler e falar
- Pessoas surdas ou com deficiência auditiva
- Pessoas que necessitem ver o posicionamento da boca para aprender (aulas de canto ou de idiomas)
- Pessoas com outras deficiências (deficiência mental, distúrbios fonológicos e outros)
- Pessoas adultas aprendendo a falar o português

***Importante*:** Máscaras cirúrgicas (ou médicas) são suprimentos limitados, portanto devem continuar sendo reservadas para os trabalhadores da saúde, como recomendado pelas autoridades sanitárias.

2.2.4 Como usar corretamente a máscara facial (CDC, 2021b) (Anexo 5)

1. Lave as mãos antes de colocar a máscara.
2. Coloque-a sobre o nariz e a boca e prenda-a sob o queixo.
3. Encaixe-a confortavelmente contra os lados do rosto.
4. Certifique-se de que você possa respirar facilmente através dela e que não existam passagens de ar pelas laterais e cantos da máscara. Caso contrário, ajuste a máscara.
5. Não coloque a máscara ao redor do pescoço ou na testa.
6. Não toque na máscara, mas, se necessário, lave as mãos ou use um higienizador de mãos antes de tocá-la.
7. Tire a máscara com cuidado quando você estiver em casa e lave-a com água e sabão (se for de tecido).
8. Tenha cuidado para não tocar nos olhos, nariz e boca ao remover a máscara.
9. Lave as mãos imediatamente após a remoção da máscara.

***Importante*:** Não use máscaras sujas, úmidas ou molhadas. Tenha sempre com você uma máscara extra (ou mais) para substituir a máscara em uso quando esta ficar suja ou úmida.

2.2.5 Quem não deve usar máscara facial

O uso de máscaras pode não ser possível em algumas situações ou para algumas pessoas, pois em certos casos o uso pode agravar uma condição de saúde física ou mental preexistente. Para estes casos, adaptações e alternativas devem ser consideradas sempre que possível para reduzir o risco de propagação da COVID-19. Um exemplo é o uso de um protetor (escudo) facial, preferencialmente fechado nas laterais. O uso de máscaras não é recomendado para (CDC, 2021b):

- Crianças menores de 2 anos
- Qualquer pessoa que tenha dificuldades para respirar, esteja inconsciente ou seja incapaz de remover a própria máscara sem assistência
- Durante a prática de esportes aquáticos

2.3 Escudos faciais: uma proteção complementar

Um escudo facial (protetor facial ou *face shield*) protege principalmente os olhos da pessoa que o usa, mas não oferece uma proteção eficiente para a boca e o nariz do usuário. Portanto, **escudos faciais são considerados auxiliares da máscara facial, mas não substitutos** (CDC, 2021i). Caso o uso de máscara não seja possível devido a condições de saúde, o uso de escudos faciais é melhor do que nenhuma proteção. Porém, é importante ter em mente que o escudo facial é menos eficiente na prevenção do contágio e propagação da COVID-19 em comparação à máscara facial.

2.3.1 Considerações sobre o uso do escudo facial

- Escudos faciais que envolvem os lados do rosto do usuário e se estendem abaixo do queixo oferecem uma maior proteção.
- Os usuários de protetores faciais devem lavar as mãos antes e depois de removê-los e evitar tocar nos olhos, nariz e boca ao fazer isso.
- As proteções faciais reutilizáveis devem ser limpas e desinfectadas após cada uso de acordo com as instruções do fabricante.
- As proteções faciais plásticas para recém-nascidos e bebês **não são** recomendadas (CDC, 2021i).
- Quando fechados nas laterais, os óculos de proteção transparentes (*googles*) podem ser mais eficazes para proteger os olhos de partículas de saliva contendo COVID-19 do que escudos faciais.

2.4 *Distanciamento social: sempre combinado com outras medidas preventivas*

Sabemos que o risco de transmissão da COVID-19 cai à medida que a distância física entre as pessoas aumenta. Porém, até o momento, não existem evidências suficientes que indiquem uma distância segura entre as pessoas sem o uso de máscaras faciais, especialmente em ambientes fechados (CEBM, 2020). As principais autoridades de saúde e de educação (nacionais e mundiais) recomendam **um distanciamento social mínimo de 1 metro nas escolas, mas sempre combinado com o uso correto de máscaras faciais e outras estratégias preventivas.**

Para que o distanciamento social seja efetivo na redução da transmissão da COVID-19, ele deve ser feito juntamente com a higiene do ar em espaços internos, a higiene frequente das superfícies, a higiene das mãos e respiratória adequadas (cobrir a boca ao tossir ou espirrar e desinfectar as mãos em seguida), o uso correto de máscaras faciais, o isolamento imediato dos indivíduos infectados, entre outras medidas. A eficácia do distanciamento social mínimo de 1 metro como estratégia de prevenção também depende de múltiplos fatores relacionados tanto aos indivíduos quanto ao ambiente, o que inclui o nível de ventilação do local e o uso correto de máscaras faciais. **Por isso, a distância adotada pela escola para distanciamento social deve ser baseada no bom senso e em uma análise cuidadosa de situação. Para estar no lado seguro, a escola deve adotar um distanciamento mínimo de 1 metro apenas quando o risco de contágio for muito baixo.**

O CDC recomenda que os alunos do Ensino Médio e Superior mantenham-se distantes uns dos outros por no mínimo 1,80 metros, especialmente em momentos ou locais onde a transmissão pode ser alta (CDC, 2021e). Essa recomendação baseia-se na dinâmica de transmissão da COVID-19, que é diferente entre alunos mais velhos: existem evidências de maior probabilidade de que estudantes mais velhos contraiam e disseminem a COVID-19 do que as crianças mais novas;

O CDC (2021e) continua a recomendar uma distância mínima de 1,80 metros também nas seguintes situações:

- Entre adultos e entre adultos e estudantes

- Em áreas comuns, tais como salas de entrada, recepção, auditórios e outros ambientes comunitários da escola
- Quando máscaras não puderem ser usadas (quando se come, por exemplo)
- Durante atividades em que a exalação de ar aumenta, como em aulas de canto ou prática instrumental e durante esportes ou exercícios, entre outros (estas atividades devem ser transferidas para lugares ao ar livre ou para espaços maiores e bem ventilados sempre que possível).

Fica a critério da escola as decisões sobre a distância mínima adequada aos diferentes momentos relacionados à pandemia, estudantes em questão (crianças, deficientes, adultos etc.) e diferentes situações dentro do ambiente escolar. É importante manter sempre em mente que **quanto maior o distanciamento social mantido, menores são os riscos de contágio da COVID-19.**

3

Procedimentos para a retomada das atividades presenciais com segurança

As escolas fornecem não apenas aprendizagem e apoio social para os alunos, como também cuidados sem os quais muitos pais não podem retornar ao trabalho. No entanto, a reabertura das escolas pode representar riscos para a saúde pública se não for feita com cautela e bons protocolos de prevenção. A capacidade da instituição de criar e seguir consistentemente as medidas de saúde e segurança para mitigar o risco de contágio da COVID-19 é fundamental para mantê-la funcionando sem dificuldades.

Por lidarem com grupos de pessoas de idades variadas, as escolas necessitam adotar protocolos de saúde e saneamento eficazes, que devem ser seguidos à risca. Para isso, treinamentos e lembretes frequentes devem ajudar a equipe escolar, os pais, os alunos e as comunidades inteiras a manter as práticas de saúde e saneamento necessárias no combate à COVID-19. Não se trata de uma tarefa fácil, mas vale a pena aceitar o desafio de adaptar o cotidiano escolar à presente situação para que assim seja possível aprimorar e dar continuidade ao ensino de forma eficiente.

Este capítulo oferece sugestões práticas para a criação de protocolos de prevenção da COVID-19, de modo a permitir a retomada de atividades presenciais. Estas sugestões podem e devem ser adaptadas a cada local de ensino e às situações particulares que forem surgindo no dia a dia de cada instituição.

3.1 Medidas administrativas gerais: prevenindo a COVID-19 dentro da escola

As medidas listadas a seguir são recomendações para manter alunos, professores e demais funcionários seguros na escola e reduzir as chances de propagação da COVID-19.

- É importante adquirir e manter um bom estoque do material necessário para conter a propagação da COVID-19 (ver seção 9.1.1).
- Preparar e manter estações de lavagem das mãos com água e sabão e colocar higienizadores à base de álcool a 70% em cada sala de aula, nos portões de entrada e saída e perto dos refeitórios e banheiros.
- Reforçar, através de avisos e outros meios, a lavagem frequente das mãos, o distanciamento social e outras medidas descritas no capítulo 2.
- O uso de álcool em gel a 70% para a desinfecção das mãos deve ser **obrigatório** para qualquer pessoa que entrar na escola.
- Um desinfetante deve ser utilizado na higienização diária da escola (ver capítulo 10).
- Os procedimentos para os locais de entrada do estabelecimento devem ser seguidos rigorosamente (ver seção 3.6).
- As escolas devem fornecer água, saneamento e instalações de gestão de resíduos e seguir os procedimentos de limpeza e desinfecção adequados a tempos de pandemia (ver capítulos 9 e 10 sobre procedimentos de limpeza e desinfecção).
- Desencorajar o compartilhamento de itens como instrumentos musicais. Se o compartilhamento for necessário, os instrumentos devem ser desinfectados entre os usos.

- Divulgar a correta utilização de máscaras (ver seção 2.2), assim como a correta higienização das mãos (ver seções 2.1.1 e 2.1.2) e o descarte adequado das máscaras descartáveis após o uso através de cartazes, avisos orais e outros meios.
- Adaptar as políticas escolares à situação da pandemia quando apropriado, por exemplo, desencorajar incentivos de frequência perfeita tanto para estudantes quanto para funcionários.
- Alunos, professores e outros funcionários que estejam com possíveis sintomas de COVID-19 devem se ausentar e avisar a escola sobre a situação. Na seção 1.1 estão listados os principais sintomas da COVID-19.
- A administração da escola pode realizar verificações diárias para garantir o cumprimento das medidas de higiene e prevenção.
- O uso da irradiação germicida ultravioleta como um suplemento pode ser considerado para ajudar a inativar o vírus causador da COVID-19 (SARS-CoV-2), especialmente se as opções para aumentar a ventilação dos ambientes forem limitadas (STORM et al., 2020).
- O uso de plataformas virtuais para continuar a formação de equipes e reuniões pode ser uma boa estratégia para dar continuidade ao trabalho e tomar decisões.
- A escola pode aderir a um programa de triagem de rotina semanal para testar seus funcionários para COVID-19, mesmo que isso seja feito através de um sorteio e/ou teste de grupo (ver seção 3.2.1).
- Recomendar aos alunos para que se sentem sempre no mesmo lugar, e manter na sala de aula um espelho de classe com a localização de cada um. Assim, caso um aluno contraia COVID-19 será mais fácil determinar quais estudantes se sentam próximos e deverão fazer quarentena.
- A escola deve manter um registro de todos os funcionários vacinados e a data de vacinação. Estes dados podem ser acessados posteriormente e auxiliar na tomada de decisões administrativas.

3.1.1 Medidas para a retomada das atividades de ensino em prédios fechados por longos períodos

Como uma forma de reduzir os perigos potenciais para os frequentadores da escola, os seguintes procedimentos devem ser seguidos antes da reabertura dos locais de ensino:

- Abrir todas as torneiras, chuveiros e outras fontes de água e dar a descarga em todos os vasos sanitários, tanto para verificar seu funcionamento quanto para evitar que os frequentadores da escola utilizem água parada.
- Substituir toda a água dentro das tubulações dos locais de ensino para prevenir uma possível exposição a metais pesados (provenientes de tubulações) e bactérias capazes de causar doenças respiratórias graves, como a *Legionella* (GABRIEL et al., 2018).
- Verificar a existência de mofo em todos os recintos dos prédios que irão receber pessoas, especialmente bibliotecas, banheiros e locais que possam apresentar umidade por serem pouco ventilados. Eliminar todo o mofo com uma limpeza adequada antes da circulação de pessoas para evitar doenças e irritações respiratórias.

3.2 A conduta da equipe de trabalho na prevenção da COVID-19

Pessoas bem preparadas são peças-chave para o bom funcionamento da escola quando esta estiver recebendo alunos. Portanto, para que as atividades escolares ocorram sem dificuldades, os seguintes procedimentos podem ser adotados:

- Seguir, promover, demonstrar e monitorar a aceitação das medidas básicas de higiene e cuidados pessoais descritos no capítulo 2. Tais procedimentos devem se tornar hábitos.
- Cada membro da equipe de trabalho deve checar sua temperatura corporal diariamente em casa antes de iniciar seu expediente na escola.

- Todos os educadores devem ter conhecimentos básicos sobre a doença COVID-19, incluindo sintomas, complicações, transmissão e prevenção.
- Educadores devem manter-se informados sobre a COVID-19 por meio de fontes confiáveis como OMS, Anvisa (Agência Nacional de Vigilância Sanitária) e comissões do Ministério da Saúde nacional, além de combater informações falsas (*fake news*) que possam circular via boca a boca ou *on-line*.
- É importante lembrar que, independentemente das regras de distanciamento social adotadas pela escola para prevenir o contágio da COVID-19 (ver seção 2.4), o uso de máscaras faciais é indispensável e fundamental (ver seção 2.2.4).
- Garantir que sabão e água potável estejam sempre disponíveis nas estações de lavagem das mãos, que devem ser adequadas à cada faixa etária e ser acessíveis a deficientes.
- Colocar higienizadores de mãos em banheiros, salas de aula, corredores e nas proximidades das entradas e saídas da escola.
- Manter a boa qualidade do ar em ambientes interiores (ver seção 3.5).
- Assegurar que o lixo seja removido diariamente e mantido sempre bem embalado para um descarte seguro, sem o risco de contaminação.
- Evitar compartilhar materiais presentes no ambiente educacional como canetas. Quando isso for necessário, desinfectar o item compartilhado antes e depois de ser usado.
- Abster-se de utilizar elevadores quando possível.
- Desinfectar qualquer correspondência ou entrega que chegar à escola por meio físico.
- Pessoas com sintomas de doenças respiratórias (o que pode sinalizar a presença de COVID-19) devem ser incentivadas a ficar em casa e, quando possível, dar seguimento ao trabalho em *home office*.
- Professores e demais funcionários da escola que estiverem totalmente imunizados (ver seção 1.3) não devem comparecer às reuniões se

tiverem sintomas ou foram testados positivo para COVID-19 nos 10 dias anteriores ao evento, independentemente do *status* de vacinação das outras pessoas na reunião.

- Reuniões entre pessoas totalmente imunizadas e pessoas não vacinadas sempre devem ser realizadas com o uso de máscaras faciais e outras medidas preventivas.

3.2.1 O uso de testes de triagem para a COVID-19

- O uso de testes de triagem para identificar casos de COVID-19 e reduzir o risco de transmissão de pessoas assintomáticas ou pré-sintomáticas é uma estratégia útil antes da realização de atividades esportivas e extracurriculares, por exemplo.
- As pessoas com resultados positivos em testes devem permanecer isoladas até que tenham cumprido três critérios de liberação: 10 dias passados desde o início dos sintomas; pelo menos 24 horas passadas desde o surgimento de febre sem medicação; e ausência de outros sintomas (CDC, 2021d).
- Não é recomendado que as pessoas recentemente recuperadas de COVID-19 sejam testadas antes de sair do isolamento, pois mesmo após a recuperação elas ainda podem testar positivo durante várias semanas sem estar contagiosas (CDC, 2021d).
- Se um indivíduo com sintomas testar negativo, ele ainda deve permanecer em casa até que seus sintomas desapareçam para evitar a propagação de COVID-19 e outras infecções.
- As pessoas que estão totalmente imunizadas (ver seção 1.3) ou foram diagnosticadas com COVID-19 nos últimos três meses não precisam ficar em quarentena.
- As pessoas que receberam anteriormente resultados positivos no teste de COVID-19 e não apresentam mais sintomas, se fizerem um novo teste dentro de 3 meses (a partir do resultado do último teste positivo), o resultado não será confiável (CDC, 2021d).

- Atualmente, dados sugerem que alguns indivíduos persistem no teste positivo devido ao material residual do vírus, mas é pouco provável que sejam infecciosos (CDC, 2021d).
- As escolas podem considerar o uso de testes combinados (com amostras de mais de uma pessoa) como uma estratégia para triagem (ver seção 3.2.1), tanto entre professores e demais funcionários quanto entre estudantes (CDC, 2021d).
- O teste combinado envolve misturar várias amostras de diferentes indivíduos em um frasco próprio para um posterior teste diagnóstico. Esta abordagem aumenta o número de indivíduos que podem ser testados e reduz os custos.
- A estratégia de testes combinados pode ser particularmente útil como um meio de reduzir os riscos de transmissão em escolas que utilizam grupos de trabalho (ver seção 3.4.1).
- Devido a possíveis repercussões dos testes combinados com resultado positivo, é melhor usá-los em situações nas quais é esperado que o número de positivos seja muito baixo.
- Se for encontrado um caso positivo entre os testes combinados, os contatos próximos de qualquer pessoa desse grupo (caso a escola esteja trabalhando com grupos, ver seção 3.4.1) devem ser colocados em quarentena e testados.

3.3 O que pensar ao preparar locais para a higienização das mãos

- Sabão e toalhas de papel descartáveis devem ser fornecidos em locais onde a lavagem das mãos é necessária, como banheiros, cozinhas, cantinas, salas de atividade física, salas de arte, entre outros.
- O compartilhamento de toalhas têxteis deve ser proibido, pois isso pode se tornar um meio de disseminação da COVID-19.
- Em locais onde não for possível usar água e sabão, um higienizador de mãos à base de álcool a 70% deve ser utilizado.

- A disponibilização de álcool em gel a 70% é especialmente importante em locais como a entrada do estabelecimento, enfermarias, refeitórios e estações de verificação de temperatura corporal.
- O estoque e o fornecimento de materiais necessários para manter a higiene do estabelecimento de ensino devem ser mantidos sempre em dia, pois algumas horas sem sabonete ou álcool em gel pode significar a propagação da COVID-19 nas dependências de ensino.
- Sabonetes bactericidas **não são** mais eficientes contra a COVID-19 que o sabão comum (USMAN et al., 2020), portanto não precisam ser utilizados (salvo em locais próprios para atendimento médico-hospitalar).

3.4 Medidas para promover o distanciamento social

A escola deve promover o distanciamento social para prevenir a propagação da COVID-19, o que inclui limitar a aproximação de pessoas, especialmente em grandes grupos. O distanciamento mínimo sugerido por autoridades em saúde e educação nas escolas é de 1 metro de distância (com o uso correto de máscaras faciais), mas a instituição deve adotar regras de distanciamento social adequadas à sua realidade e à situação dentro do contexto da pandemia (ver seção 2.4). Para práticas de distanciamento social efetivas, seguem-se algumas sugestões:

- Alunos e professores devem evitar tocar em outras pessoas desnecessariamente durante as práticas de ensino.
- Orientar os alunos para que mantenham o distanciamento social determinado pela escola (ver seção 2.4), sempre com o uso de máscaras.
- Utilizar marcações com fita adesiva amarela no piso para determinar o distanciamento social (ver seção 2.4) e ajudar alunos e funcionários a se manterem distantes em filas e locais de entrada, por exemplo.
- Reduzir o número de estudantes por sala de aula para adaptar o espaço ao distanciamento social determinado pela escola entre suas mesas.

- Remover móveis não essenciais e fazer outras mudanças no *layout* da sala de aula para maximizar a distância entre os alunos. As mesas dos estudantes devem sempre ser mantidas na mesma direção, e mesas com assentos para mais de uma pessoa devem ser evitadas.
- Criar diferentes horários para o início e o fim do dia escolar para diferentes turmas e considerar a adoção de aulas escalonadas para que essas turmas não entrem ou saiam das salas de aula ao mesmo tempo.
- Se existir mais de um portão na escola, podem ser criadas diferentes entradas para os grupos de alunos.
- Organizar os horários e afixar avisos de forma a evitar que grandes grupos de alunos fiquem reunidos nas entradas ou saídas da escola.
- Providenciar para que os alunos utilizem áreas comuns, como biblioteca, sala de música, sala de informática e vestiários, em horários designados para impedir que grandes grupos de classes diferentes entrem em contato.
- Exercícios e jogos enfatizando o distanciamento social podem ser utilizados como uma forma agradável de praticar a distância mínima recomendada dentro da escola.
- Considerar o uso de anúncios públicos para reforçar medidas de higiene e distanciamento, assim como para contribuir com uma boa comunicação dentro da escola (ver seção 4.5).
- Atividades em grupo não essenciais devem ser evitadas, principalmente em ambientes internos.
- Incentivar atividades *on-line* ou trabalhos escolares que possam ser realizados em casa (ver seção 5.3).
- Criar pelo menos um dia para atividades em casa. Preferencialmente nas segundas e/ou sextas-feiras.
- Quando as atividades em grupo forem essenciais, garantir uma boa ventilação do local (ver seção 3.5) ou realizar a atividade ao ar livre (ver seções 3.7 e 3.8).

- Cancelar assembleias, gincanas esportivas e outros eventos presenciais que não sejam essenciais e que possam criar aglomerações.
- Considerar o cancelamento de quaisquer reuniões presenciais que normalmente acontecem nas instalações da escola com base no risco. Se o evento for realmente necessário, deve ocorrer respeitando o distanciamento social adotado pela escola (ver seção 2.4) e com o uso obrigatório de máscaras.
- Considerar aulas ao ar livre sempre que as circunstâncias permitirem.
- No transporte escolar, bloquear bancos duplos para manter crianças e jovens distantes uns dos outros.
- Usar barreiras físicas, como divisórias transparentes de *plexiglass*, para separar professores de alunos e em outros locais compartilhados, como secretarias.
- Procurar meios de manter uma separação física entre funcionários de diferentes equipes ou áreas dentro do mesmo edifício para reduzir as possibilidade de contágio da COVID-19. Sempre que possível, designar áreas de trabalho, reunião e descanso diferentes para cada equipe.
- Diminuir ou extinguir interações não essenciais entre professores e funcionários durante reuniões, almoços e outras situações que possam levar à transmissão da COVID-19.
- Manter fechados os espaços de uso comum na escola que sejam malventilados ou que abriguem atividades que possam ser feitas fora da escola, como bibliotecas e salas de estudo. Caso isso não seja possível, optar pelo uso escalonado destes espaços com uma higienização entre os usos.
- Considere o uso de espaços maiores, tais como refeitórios, auditórios e ginásios para instrução acadêmica. Esta alternativa permite maximizar o distanciamento físico.
- Incentivar os funcionários a trazer sua própria água para minimizar a utilização de fontes de água da escola. Isso reduz a circulação de pessoas nos corredores e seu contato com as fontes de água.

Estudos mostram que a transmissibilidade da COVID-19 em escolas é mais frequente entre os funcionários (professores, administradores e outros) do que entre estudantes e funcionários ou entre estudante e estudante (ISMAIL et al., 2020; STEIN-ZAMIR et al., 2020).

3.4.1 Definindo regras de distanciamento social dentro das salas de aula

- Nas escolas primárias, os alunos devem permanecer sempre no mínimo a 1 metro de distância uns dos outros (CDC, 2021d).
- Nas escolas de Ensino Médio e Superior, os alunos devem manter um distanciamento mínimo de 1 metro caso não existam pessoas infectadas no grupo ou entre seus familiares próximos. Caso existam casos suspeitos no grupo (ou entre familiares próximos de alguém do grupo), o distanciamento mínimo entre os indivíduos deve ser de no mínimo 1,80 metro (CDC, 2021d).
- É importante ler atentamente a seção 2.4 sobre distanciamento social.

Observação: Quando o distanciamento mínimo de 1,80 metro entre cada indivíduo em sala de aula não for possível, uma opção é separar a turma em grupos (mantendo um distanciamento de 1 metro entre cada indivíduo) e manter um distanciamento social entre os grupos de no mínimo 1,80 metro de distância. Neste caso, o contato entre os grupos deve ser limitado. Esta simples estratégia pode contribuir para a redução dos riscos de contágio em locais com espaço limitado (CDC, 2021d).

3.5 Como manter a qualidade do ar em ambientes internos

A COVID-19 espalha-se principalmente através do contato próximo de pessoa para pessoa. Entretanto, existe a possibilidade de propagação da COVID-19 através de partículas transportadas pelo ar em ambientes internos entre pessoas distantes umas das outras. Ainda existem muitas dúvidas sobre a distância que pode ser percorrida pelo vírus através do ar em diferentes situações. Por isso, **a manutenção da qualidade do ar aliada às práticas de higiene respiratória**

e ao uso de máscaras são estratégias que devem ser utilizadas em conjunto para que sejam efetivas (WHO, 2020d). Vejamos algumas sugestões para manter a qualidade do ar em espaços internos:

- Em se tratando da melhora da qualidade do ar em ambientes internos, a ideia central é maximizar a troca de ar, ou seja, trazer o máximo de ar externo possível para dentro dos recintos.
- As janelas das áreas internas, como salas de aula, devem ser abertas sempre que o clima permitir.
- Sempre que possível priorizar o uso dos espaços mais ventilados da escola para a permanência de pessoas.
- A ventilação dos ambientes é uma das medidas mais efetivas no combate à transmissão da COVID-19, mas sempre deve ser utilizada com outras medidas preventivas.
- Considerar o uso de ventiladores de janela, fixados de maneira segura, para aumentar a eficácia da circulação do ar através de janelas abertas. Para isso, direcionar o ventilador de modo que gere um fluxo de ar logo acima das pessoas na sala, não diretamente sobre delas.
- O uso de ventiladores de janela no modo de exaustão pode ajudar na renovação do ar nas salas de aula através de outras janelas e portas que estejam abertas sem gerar fortes correntes de ar.
- Reduzir o número de pessoas em ambientes onde a ventilação externa não pode ser aumentada.
- Assegurar que as configurações de aquecimento, ventilação e ar-condicionado estejam maximizando a troca de ar.
- Exaustores (que transportam o ar interno para o exterior) devem permanecer abertos ou ligados sempre que possível, pois contribuem para uma boa qualidade do ar em ambientes fechados. Os filtros destes aparelhos (se existirem) devem ser limpos ou trocados regularmente. Utilizá-los em banheiros e cozinhas.
- Manter as janelas abertas em ônibus e outros meios de transporte. Em dias chuvosos ou frios, abrir pelo menos uma fresta nas

janelas. Nestes dias, os acentos próximos das frestas podem ser mantidos vazios.

- Ventiladores e aparelhos de ar-condicionado devem permanecer desligados ou colocados em modo exaustor. Do contrário, podem transportar o vírus da COVID-19 de uma pessoa para outra através do ar (LU et al., 2020).
- Se o sistema de ar-condicionado for necessário, certificar-se de que exista um suprimento de ar fresco suficiente e direcionar o fluxo de ar para o teto, nunca na direção das pessoas. Os aparelhos de ar-condicionado devem ser mantidos em bom estado de conservação, e seus filtros de pó devem ser limpos regularmente.
- Cortinas, que tendem a ser tocadas e a acumular pó, devem ser limpas frequentemente ou eliminadas.
- Estudantes que apresentem tosse ou espirros durante as práticas de ensino em ambientes internos devem ser dispensados imediatamente e aconselhados a ir para casa o quanto antes for possível. Na seção 1.1 deste guia estão listados os principais sintomas da COVID-19.
- A sobrevivência e o alcance do vírus, que pode estar presente em gotículas de saliva oriundas da fala de uma pessoa, são maiores em ambientes internos (SOMSEN et al., 2020). Portanto, os estudantes devem ser educados de modo a falar apenas o necessário em ambientes fechados, mesmo com o uso de máscara.
- Quando possível, educadores devem planejar suas aulas de modo que não seja necessário falar constantemente, tanto pelo esforço de dar aulas com máscara quanto pelo risco de espalhar a COVID-19, caso estejam infectados e não saibam.

3.6 Cuidados necessários nas áreas de entrada

O novo coronavírus, assim como outros patógenos respiratórios, pode ser transmitido tanto pelo contato direto, particularmente por meio de gotículas respiratórias de pessoas infectadas, quanto pelo contato indireto, através de mãos, objetos, calçados ou superfícies contaminadas. Portanto, para prevenir que a

COVID-19 contamine um estabelecimento, as medidas de higiene aplicadas na área da entrada são de grande importância. Os frequentadores da escola podem disseminar a COVID-19 através de quatro principais vias:

- Não utilização ou uso incorreto de máscaras faciais
- Má higienização das mãos
- Má higiene respiratória
- Calçados contaminados

Vejamos algumas sugestões de medidas preventivas para áreas de entrada:

- Nas áreas de entrada do estabelecimento é importante que seja disponibilizado álcool em gel a 70% ou uma pia com água e sabão, para que as mãos de todos que por ali passarem sejam devidamente higienizadas.
- Os frequentadores devem ser incentivados a usar suas próprias máscaras, e o uso de máscaras nas dependências escolares deve ser obrigatório.
- Avisos mostrando como uma máscara deve ser colocada e utilizada devem ser fixados logo na entrada.
- Na entrada da escola, a triagem da temperatura de **todos** os que entrarem precisa ser estabelecida e mantida (ver seção 3.6.2).
- A desinfecção das solas dos sapatos de todos os que entrarem na escola deve ser obrigatória. Para higienizar as solas dos calçados, álcool líquido a 70% pode ser oferecido em garrafas *spray*. Outra opção, mais apropriada para estabelecimentos maiores, é utilizar um capacho com desinfetante ou um banho para pés (pedilúvio), em que apenas as solas dos calçados toquem o líquido desinfetante.
- O desinfetante usado na higienização dos calçados não deve ser corrosivo, como a água sanitária, por exemplo, pois pode danificar calçados e roupas. Entre os desinfetantes com propriedades virucidas recomendados pela Anvisa (2020) que não danificam calçados estão a iodopovidona 1%, compostos fenólicos (como a creolina) e álcool etílico a 70%.

- A solução virucida utilizada em pedilúvios ou capachos umedecidos deve ser reposta ou trocada periodicamente quando estiver com muita matéria orgânica dissolvida, pois isso reduz sua eficiência.
- Caso o estabelecimento prefira, existem disponíveis no mercado fármacos virucidas utilizados em áreas de biossegurança e soluções específicas para a utilização em pedilúvios.
- Independentemente do método escolhido para realizar a desinfecção dos calçados na entrada do estabelecimento, esta deve ser feita de maneira que "obrigue" a todos que passarem a desinfectar seus calçados. Isso evita que algumas pessoas se abstenham de desinfectar seus calçados por razões diversas, o que pode levar a COVID-19 para dentro do estabelecimento e também causar conflitos.

Muitos estabelecimentos proíbem a entrada de pessoas sem máscara, o que demonstrou ter reduzido consideravelmente o contágio da COVID-19 de pessoa para pessoa, especialmente em ambientes fechados (CHENG et al., 2020).

3.6.1 Impedindo a entrada de pessoas com sintomas de COVID-19

A verificação diária da temperatura corporal de todas as pessoas antes do expediente é uma medida preventiva eficaz que pode evitar um surto de COVID-19 entre os frequentadores da escola. Esta medida consiste na verificação e coleta de dados de temperatura corporal de cada pessoa que por ali passar e no impedimento da entrada daquelas com sintomas, como febre e problemas respiratórios. Na seção 1.1 deste guia estão listados os principais sintomas da COVID-19.

Vejamos como proceder para evitar que pessoas com sintomas de COVID-19 entrem no estabelecimento de ensino.

- Estações para verificação de temperatura devem ser instaladas em cada entrada do estabelecimento e equipadas com termômetros, álcool em gel a 70% e máscaras de uso único (para remediar casos de pessoas sem máscaras).

- A verificação da temperatura corporal de estudantes, professores, funcionários e visitantes deve ser feita na entrada do estabelecimento sempre e em qualquer circunstância, ou seja, durante férias, suspensão temporária das aulas e caso a escola seja usada como local de exames, por exemplo.
- Mesmo que a escola peça aos frequentadores que verifiquem sua temperatura corporal antes de sair de casa, muitos não irão fazê-lo. Por isso, a verificação da temperatura corporal **de todos** na entrada da escola é algo que deve ser feito.
- Os funcionários devem ser orientados a chegar mais cedo todos os dias, de modo que possam averiguar sua temperatura nas estações de verificação antes de iniciar o trabalho. Aqueles apresentando febre ou sintomas respiratórios devem deixar as dependências de ensino o mais rápido possível.
- Os responsáveis pela verificação da temperatura corporal devem estar cientes de que esta pode variar brandamente de acordo com idade, hora do dia, nível de atividade física e com o prévio consumo de alimentos gelados ou quentes.
- Mesmo com a utilização de máscaras pessoais, o estabelecimento deve ter disponíveis máscaras de uso único para remediar casos de extravio ou danificação.
- Se durante a triagem surgirem pessoas suspeitas de serem portadoras de COVID-19, estas **devem usar máscara e ser mantidas isoladas** até o momento de deixarem o estabelecimento de ensino.
- Qualquer pessoa com febre ou sintomas respiratórios não deve ser autorizada a entrar na escola, mesmo que porventura apresente um teste de COVID-19 com resultado negativo, pois este é passível de erro.
- No caso de alunos menores de idade com suspeita de COVID-19, pais ou responsáveis devem ser informados para que possam buscar o estudante e procurar aconselhamento médico.
- Considerar a colocação de um aviso na entrada para informar as pessoas com febre ou sintomas respiratórios para que não entrem na escola.

3.6.2 Procedimentos para a verificação da temperatura corporal

3.6.2.1 O uso de termômetros infravermelhos

O uso de termômetros infravermelhos (termômetros sem contato) para a verificação da temperatura corporal na entrada das dependências de ensino é um método rápido e prático, pois não exige contato físico e os termômetros não necessitam higienização frequente. Tais aparelhos costumam custar um pouco mais, porém compensam o investimento, especialmente para estabelecimentos com grande circulação de pessoas, pois agilizam o trabalho. Se o uso de termômetros infravermelhos for o método primário adotado, as seguintes medidas devem ser observadas:

- Tomar referência do fabricante para a faixa de temperatura normal.
- O termômetro deve ser operado de acordo com as instruções do fabricante.
- É prudente que as estações de verificação de temperatura com termômetros de testa infravermelho também estejam equipadas com termômetros digitais, pois, em caso de dúvidas (ou falhas), é necessário ter um meio secundário para a verificação da temperatura corporal.

3.6.2.2 O uso de termômetros digitais

Para estabelecimentos pequenos, simples termômetros digitais (termômetros de contato) podem ser utilizados para a medição da temperatura corporal através das axilas (ou via oral em caso de crianças menores de 3 anos), desde que sejam devidamente desinfectados com álcool líquido a 70% entre cada usuário.

Para o monitoramento da temperatura corporal com termômetro digital, os seguintes pontos devem ser observados:

- Para fins de triagem, a temperatura corporal normal estabelecida na escala Celsius (ºC) é entre 35,5 e 37,2 para axilas e 36,6 e 37,5 por via oral. Temperaturas fora desta faixa de referência devem ser consideradas significativas e deve-se buscar atenção médica.

- A temperatura axilar normal é de 35,5 °C a 37,2 °C, mas o ideal é sempre somar 1 °C à temperatura medida para obter um valor representativo da temperatura corporal geral.
- O termômetro deverá ser mantido na axila por no mínimo 3 minutos antes da coleta. Por isso, se este for o método adotado pela escola, vários termômetros devem ser adquiridos para agilizar o processo de verificação da temperatura antes do início das atividades escolares.
- Os termômetros digitais são equipados com um *bip*, que auxilia na medição do tempo, mas, se esse não for o caso, um relógio deve ser adotado.

3.6.2.3 Termômetros de mercúrio: proibida a venda, mas não o uso

Termômetros de mercúrio tiveram sua venda proibida em janeiro de 2019, mas se disponíveis seu uso é autorizado, desde que seja com cuidado, pois o mercúrio é tóxico e pode entrar em contato com pessoas caso seja quebrado. Por isso, é importante que o descarte de termômetros de mercúrio seja feito corretamente, sobretudo se estiver danificado. De acordo com a Anvisa (2020), é possível depositar o termômetro, desde que esteja dentro de sua embalagem plástica, nos locais para descarte de pilhas, baterias e lâmpadas fluorescentes.

3.6.3 Procedimentos com visitantes

- Limitar ao máximo a entrada de visitantes e voluntários.
- Evitar receber atividades envolvendo grupos ou organizações externas, especialmente pessoas de fora da comunidade escolar.
- Exigir que todos os visitantes usem máscaras e mantenham o distanciamento social mínimo adotado pela escola.
- A escola deve verificar a temperatura de todos os visitantes e negar a entrada daqueles com febre ou sintomas respiratórios. Visitantes devem seguir todas as normas estabelecidas pela escola, como o uso obrigatório de máscara e higienizar corretamente as mãos e os calçados ao entrar.

- O uso de um crachá de identificação para visitantes pode ajudar a conter um surto de COVID-19, caso o pivô deste surto seja alguém externo à escola, pois isso facilita identificar as pessoas e os locais com que o visitante em questão tenha entrado em contato.
- Visitantes devem informar aonde irão se dirigir e definir quanto tempo permanecerão na escola para restringir a permanência de pessoas estranhas dentro do estabelecimento de ensino.

3.6.4 Procedimentos com deficientes físicos e/ou intelectuais

Devido à sua capacidade reduzida de autocuidado, as pessoas com deficiência física e/ou intelectual muitas vezes correm maior risco de contrair a COVID-19 e transmitir a infecção a outros. Isso pode ocorrer em virtude de suas limitações, mas também caso não sejam capazes de comunicar seus sintomas. Por isso, os encarregados do monitoramento da temperatura corporal devem estar bastante atentos às condições físicas de tais indivíduos, como a presença de febre e sintomas respiratórios, e devem também dar especial atenção a estas pessoas. Além disso, as seguintes medidas podem ser tomadas para proteger a saúde de pessoas deficientes e de outros no seu entorno:

- Alguns estudantes com deficiência podem ter dificuldades em usar uma máscara de forma consistente, e podem não ser fisicamente capazes de usá-la corretamente. Qualquer pessoa deficiente que não possa usar uma máscara com segurança não deve ser obrigada a usá-la. Por exemplo, indivíduos incapazes de remover a máscara sem assistência e com dificuldades respiratórias. Se um indivíduo não puder usar uma máscara, então outras medidas devem ser adotadas para reduzir os riscos de contágio e transmissão da COVID-19, como o uso de um escudo facial.
- Pessoas com mobilidade limitada ou incapazes de evitar o contato próximo com outras pessoas podem ser auxiliadas por um membro da escola para que cheguem até sua sala de aula com segurança.
- Pessoas com dificuldades para entender informações ou de praticar medidas preventivas podem receber auxílio com a higienização das mãos, por exemplo, especialmente ao entrarem na escola.

- Uma lista de contatos de familiares, amigos, vizinhos e agências de serviço locais pode ser criada para fornecer apoio caso a pessoa com deficiência sinta-se indisposta ou apresente quaisquer sintomas anormais à sua condição durante o horário escolar. Estes contatos também podem ser úteis caso os responsáveis pelo monitoramento de temperatura corporal na entrada detectem sintomas de COVID-19 nestes indivíduos.

3.7 Atividades em ambientes externos e internos

Quaisquer atividades ao ar livre são de menor risco em comparação às atividades em ambientes internos (MORAWSKA and CAO, 2020); e atividades que permitem o uso de máscaras são de menor risco em comparação com atividades sem máscara (CHENG et al., 2020). Assim sendo, o estabelecimento de ensino pode e deve optar por atividades ao ar livre sempre que o clima e a disponibilidade de espaço permitirem, e se a atividade em questão possibilitar o uso de máscaras isso a tornará ainda mais segura.

3.8 Recomendações para atividades físicas e atividades ao ar livre

Vejamos os principais pontos a serem observados em se tratando deste tipo de atividade:

- Mover todas as atividades físicas para áreas externas ou para um espaço amplo e bem ventilado.
- Todos os estudantes e educadores devem respeitar as medidas de higiene sanitária descritas no capítulo 2 deste guia.
- A retomada das atividades físicas deve começar em pequenos grupos, mantendo-se um distanciamento social adequado com o uso de máscaras e sem contato físico.
- Esportes em grandes grupos e de contato só devem ser retomados depois que o distanciamento social deixar de ser necessário.

- Jogos que envolvam um objeto comum, como bolas, podem ser jogados desde que possam ser mantidos o distanciamento social e a higiene das mãos e respiratória, conforme apropriado.
- A higiene das mãos deve ser realizada antes e depois do exercício.
- Os estudantes devem evitar tocar nos olhos, nariz e boca durante o exercício. Se for necessário tocar no rosto, a higiene das mãos deve ser feita antes.
- Atividades em que o uso de máscara não for possível devem ser suspensas, pois o distanciamento social mínimo (geralmente entre 1 e 2 metros) é considerado suficiente apenas para reduzir o contágio da COVID-19, sendo eficaz somente quando combinado com outras estratégias preventivas (ver seção 2.4), como o uso correto de máscaras faciais.
- O compartilhamento de equipamentos esportivos deve ser evitado. Se isso não for possível, estes itens devem ser devidamente desinfectados entre usos.
- Evitar aglomerações em vestiários e chuveiros com medidas como usar apenas metade da capacidade e pedir aos estudantes que deixem para tomar banho em casa sempre que a situação permitir.
- Se algum estudante desenvolver febre ou sintomas respiratórios durante uma atividade física, este deve parar de se exercitar e manter a máscara enquanto espera a notificação dos pais ou responsáveis (se for menor de idade). O estudante em questão deve ser removido da escola o quanto antes e manter-se longe de outras pessoas.
- Os esportes de contato próximo devem ser suspensos enquanto os riscos de transmissão forem altos e não for possível implementar estratégias de prevenção.
- Durante práticas desportivas em que um distanciamento social adequado não seja possível (ver seção 2.4), podem ser utilizadas barreiras físicas entre treinadores e alunos e entre alunos. As opções variam entre barreiras móveis de acrílico até cortinas de plástico ou tecido impermeável, em situações como entre equipamentos que não podem ser realocados.

- Considere o uso de um amplificador de voz portátil para manter um distanciamento adequado entre treinador e alunos.
- O uso de máscaras para atividades aquáticas ou o uso de máscaras molhadas de suor não é recomendado.

3.9 Recomendações para tutoriais ou atividades extracurriculares

- Se atividades em grupo forem necessárias, restringir ao máximo o tamanho de cada grupo.
- Ferramentas de aprendizagem não devem ser compartilhadas entre grupos sem uma completa desinfecção entre usos.
- Todos os estudantes e educadores devem respeitar as medidas de higiene sanitária descritas no capítulo 2 deste guia.
- Quando o uso de máscaras não for possível, a atividade deve ser suspensa.
- O local onde as atividades forem desenvolvidas deve ser limpo e desinfectado entre turmas com um método de desinfecção adequado (ver capítulos 9 e 10).
- A redução do risco de propagação da COVID-19 durante atividades extracurriculares e reuniões sociais fora da escola também contribui para manter as atividades de instrução presencial seguras.

3.10 Recomendações para a realização de exames

- Pedir aos estudantes que verifiquem sua temperatura corporal em casa e para que abstenham-se de ir à escola fazer exames se apresentarem febre ou sintomas respiratórios.
- Solicitar aos estudantes que usem máscara antes de chegar ao local do exame. A importância dessa medida deve ser explicada e relembrada com frequência.

- Fornecer um higienizador de mãos à base de álcool em gel a 70% logo na entrada, para que os estudantes as higienizem antes de entrar no local do exame.
- Garantir uma boa ventilação no local do exame (ver seção 3.5).
- Providenciar assentos para que a distância mínima estabelecida pela escola entre os alunos (usando máscara) seja mantida.
- Permitir um número adequado de funcionários e tempo suficiente para que todos os alunos tenham as mesmas condições para realizar o exame.
- Lembrar os alunos para que mantenham as instalações da escola limpas, especialmente ao usar os banheiros.
- Durante o exame:

– Estudantes e funcionários devem obrigatoriamente usar máscara o tempo todo.

– Máscaras devem ser usadas durante exames orais; do contrário, o distanciamento social mínimo recomendado pelas autoridades sanitárias (ver seção 2.4) não será suficiente para evitar o contágio caso alguém esteja infectado pela COVID-19.

– Se existirem exames físicos em ambientes internos e o uso de máscaras não for possível, o teste deve ser modificado de modo a permitir o uso de máscara. Se isso não for possível, a atividade deve ser realizada ao ar livre ou suspensa.

- Após o exame:

– Providenciar para que os alunos saiam em lotes para evitar aglomerações nas saídas dos saguões ou salas de aula.

– Os alunos devem manter o distanciamento social e continuar usando máscaras durante os intervalos.

– O local do exame deve ser cuidadosamente limpo após cada sessão.

– Os alunos devem ser lembrados de usar máscara ao conversar.

3.11 Recomendações para a vacinação escolar

- Os alunos menores de 7 anos podem ser agendados para receber a vacinação na escola. Como crianças menores costumam ser menos disciplinadas, esta medida é importante para que sejam mantidas as regras de distanciamento.
- Os alunos devem ser examinados quanto ao seu histórico de viagens ou de contato com a COVID-19 antes de se reunirem para a vacinação nas escolas. Os casos suspeitos devem ser organizados de modo a receber a vacinação separadamente dos demais.
- Todos os alunos e funcionários devem respeitar as práticas de higiene descritas no capítulo 2 durante todo o processo de vacinação.
- O local para a vacinação deve ser mantido bem ventilado (ver seção 3.5).
- O local de vacinação deve ser limpo e desinfectado com um método de desinfecção adequado (ver capítulos 9 e 10) após cada turno de vacinação, ou seja, após as sessões da manhã e da tarde, respectivamente.

4

Procedimentos com casos de COVID-19

As preparações para manter as escolas funcionando durante a pandemia também incluem a elaboração de respostas aos potenciais cenários que serão enfrentados no ambiente educacional. Circunstâncias como um estudante com sintomas suspeitos de COVID-19 ou a visita de alguém infectado mas que não apresenta sintomas podem rapidamente gerar implicações operacionais, de saúde e de segurança.

A escola deve focar na segurança da equipe de trabalho e dos alunos em todos os momentos. Para isso, é importante programar ações para as diversas situações que possam surgir. Por exemplo, diante de um surto significativo de COVID-19, a escola pode necessitar de uma mudança rápida para um modelo instrucional mais remoto; portanto, deve estar preparada.

Estratégias isoladas não costumam ser eficazes no combate à COVID-19, ao passo que uma combinação delas pode compor protocolos robustos para reduzir o risco de transmissão. Esse conjunto de estratégias também possibilita um maior controle da situação quando houver suspeitas de COVID-19 dentro da escola.

A boa comunicação dentro do ambiente escolar é algo indispensável e deve facilitar o trabalho da equipe escolar, contribuindo para que as atividades sigam de forma segura, mesmo em situações adversas. Ao final deste capítulo, estão listadas algumas sugestões para implementar uma boa comunicação dentro da comunidade escolar, seguidas de recomendações para ajudar as instituições de ensino a lidar e controlar casos suspeitos (ou confirmados) de COVID-19 entre os frequentadores da escola.

4.1 Criando planos de ação para casos suspeitos de COVID-19

A escola deve estabelecer planos de ação adequados às suas próprias necessidades para que a equipe de trabalho saiba como proceder toda vez que surgirem pessoas com suspeitas de COVID-19. Ao assumir estas responsabilidades, a escola poderá evitar um surto de COVID-19 entre alunos e funcionários a partir de uma pessoa infectada. Eis alguns pontos que devem ser levados em consideração na criação de estratégias de ação:

- Treinar a equipe de trabalho de modo que, quando houver suspeita de COVID-19, a pessoa em questão seja isolada e removida da escola o quanto antes.
- Determinar um local em que pessoas sob suspeitas de estarem infectadas permaneçam antes de se retirarem da escola, especialmente se se tratar de menores de idade que necessitem esperar pela chegada dos pais ou responsáveis.
- Considerar designar apenas uma sala ou local para espera por transporte para pessoas com suspeita de COVID-19.
- Evitar que qualquer pessoa sob suspeita de estar infectada toque em outras pessoas, superfícies e objetos, e aconselhá-la a cobrir a boca e o nariz com um lenço de papel descartável quando tossir ou espirrar. O lenço usado deve ser descartado imediatamente após o uso em uma lixeira com tampa. O uso de máscara facial deve ser obrigatório.
- Se lenços de papel não estiverem disponíveis, pessoas com suspeita de COVID-19 devem tossir e espirrar na parte de dentro do cotovelo ou dobra do braço, e não nas mãos ou livremente no ar.
- Se a pessoa sob suspeita de estar infectada necessitar ir ao banheiro enquanto espera por assistência para se retirar da instituição,

deve usar um banheiro separado (se disponível), que deve ser cuidadosamente desinfectado depois que a pessoa em questão for removida do local.

- Em alguns casos, pessoas infectadas são assintomáticas (ou pré-sintomáticas) e podem não apresentar quaisquer sinais da doença ou apresentar sintomas leves que sejam facilmente ignorados. Mesmo assim, essas pessoas são contagiosas e capazes de propagar o vírus, portanto, se suspeitas de estarem com COVID-19, não devem permanecer no estabelecimento de ensino.
- Alunos e funcionários que se sentirem mal durante o expediente de ensino podem precisar ser encaminhados para o hospital para que recebam atendimento médico ou enviados para casa, dependendo da situação. Para esses casos, um plano de ação deve ser preestabelecido.
- A frequência escolar deve ser monitorada, pois esta informação pode ser importante em casos de infecção e possibilita saber quem entrou em contato com alguém infectado. Veja na seção 4.1.1 a importância do registro e monitoramento dos casos de COVID-19.
- Os alunos sentados a menos de 1,80 metros de outro aluno ou pessoa diagnosticada com COVID-19 por um total de 15 minutos ou mais devem fazer quarentena e ser encaminhados para testes de diagnóstico para COVID-19 (CDC, 2021f).
- Colocar em quarentena obrigatória qualquer estudante ou membro da equipe de trabalho que tenha estado em contato com alguém infectado nos últimos 14 dias. A quarentena deve ser feita por 14 dias após o último contato com a pessoa suspeita e exames devem ser feitos após a quarentena para reduzir a possibilidade de infectar outros (CDC, 2021f).
- Se for confirmado que alguém está com COVID-19, será necessário notificar todos os seus contatos próximos para que eles também possam tomar medidas para minimizar o risco de propagação. A OMS (2020d) recomenda que os contatos sejam colocados em quarentena durante 14 dias a partir do último ponto de possível contato com o caso confirmado. Consulte a seção 4.3 para ver pontos a serem

observados quando alguém for colocado em quarentena e/ou sob vigilância médica.

- Os contatos próximos que estejam totalmente imunizados ou que tenham apresentado resultados positivos para COVID-19 nos últimos 3 meses não precisam fazer quarentena se não apresentarem sintomas (CDC, 2021c).
- As pessoas que não tenham tido contato próximo com um caso confirmado de COVID-19 devem continuar tomando as precauções habituais e podem seguir com suas atividades como de costume.
- O fechamento do local de ensino é recomendado apenas em situações em que muitos tenham sido infectados pela COVID-19 ou caso existam muitos casos suspeitos.
- Caso a escola tenha alunos com deficiência, considere acessar a cartilha feita pelo Ministério da Mulher, da Família e dos Direitos Humanos (MMFDH, 2021), que possui orientações específicas para pessoas com deficiência sobre o combate à disseminação da COVID-19.

Importante: O **contato próximo** caracteriza-se pela proximidade inferior a 1,80 metros de distância de uma pessoa diagnosticada com COVID-19 por um total de 15 minutos ou mais, dentro de um período de 24 horas. A definição de contato próximo se aplica independentemente do uso de máscara (CDC, 2021f). Todas as pessoas que mantiverem um contato próximo com alguém diagnosticado com COVID-19 devem fazer quarentena de 14 dias.

4.1.1 A importância do registro e monitoramento dos casos de COVID-19

O registro e o monitoramento dos casos suspeitos e confirmados de COVID-19 são medidas importantes para evitar que a doença se espalhe entre os frequentadores da instituição de ensino. Para esta tarefa, uma ou mais pessoas devem ser encarregadas de coletar estas informações, assim como monitorar qualquer aumento **incomum** de doenças respiratórias entre os estudantes e funcionários, pois pode ser indício de um surto de COVID-19. Em casos de suspeita de surto, as atividades escolares devem ser suspensas, e os estudantes e pais devem ser mantidos atualizados sobre a situação.

O registro dos casos de COVID-19 entre os frequentadores da escola também facilita identificar pessoas que entraram em contato com alguém infectado e assim avisá-las e/ou monitorá-las. Esse procedimento pode ser a diferença entre manter a escola aberta e ter que fechá-la devido a um surto da doença.

4.2 A organização do trabalho mediante a ausência de funcionários

A escola deve estar preparada para dar continuidade às atividades durante a ausência de membros da equipe de trabalho, que podem adoecer ou ter alguém muito próximo infectado com COVID-19 que necessita cuidados. Para remediar ausências, as seguintes medidas podem ser adotadas:

- Identificar funções e cargos críticos e planejar a cobertura desses cargos com alternância de pessoal fazendo um treinamento cruzado, ou seja, na falta de qualquer membro da equipe escolar outro funcionário deve estar treinado para assumir suas funções.
- Organizar os funcionários em pequenas equipes ou grupos de trabalho, o que ajudará a minimizar a perturbação da força de trabalho no caso de um funcionário relatar sintomas de COVID-19.
- Instruir qualquer membro da equipe de trabalho a se comunicar por telefone ou *e-mail* com a escola caso fique doente ou tenha alguém com suspeita de COVID-19 em sua casa. Isso pode ser feito através de um grupo de *WhatsApp* ou por outros meios. Veja a seção 4.5 para sugestões sobre como melhorar a comunicação.
- Organizar o trabalho de modo a delegar tarefas que possam ser realizadas por membros saudáveis da equipe de trabalho que estejam trabalhando em *home office* sob suspeita de estarem com COVID-19 (mas sem sintomas) ou que estejam cuidando de alguém doente em casa.
- Desenvolver turnos de trabalho mais flexíveis de modo a permitir que funcionários possam trabalhar em horários escalonados caso

estejam sob suspeita de contágio de COVID-19 ou necessitem cuidar de membros da família doentes. Esta estratégia também pode ser adotada para reduzir o número de funcionários ao mesmo tempo em um local.

- O regresso ao trabalho deve ser planejado de modo a evitar estigmas para pessoas que tenham sido infectadas e estejam se recuperado da COVID-19 (ver recomendações para pessoas em recuperação na seção 4.4).

4.3 Recomendações para pessoas sob quarentena e/ou sob vigilância médica

- Qualquer pessoa sob quarentena obrigatória, por qualquer motivo, não deve entrar nas dependências da escola.
- Pessoas suspeitas de estarem infectadas devem ficar apenas no local designado para a quarentena e longe de outras pessoas e animais de estimação em sua casa.
- Estudantes ou funcionários sob vigilância médica podem frequentar a escola ou trabalhar como de costume, desde que seguindo todas as medidas preventivas de saúde descritas no capítulo 2, assim como a verificação da temperatura (preferencialmente antes de ir à escola) e a observação da presença de sintomas diários.
- Os pais ou responsáveis devem informar a escola se o aluno for colocado em quarentena ou sob vigilância médica.
- Os estudantes ou funcionários sob vigilância médica devem usar sempre uma máscara e informar a escola se apresentarem febre ou sintomas respiratórios.
- Se o estabelecimento de ensino julgar necessário, pode ser obrigatória a apresentação de um exame negativo de COVID-19 por pessoas sob quarentena ou vigilância médica antes do seu retorno às atividades escolares.

4.4 Recomendações para pessoas em recuperação após contrair COVID-19

Pessoas em fase de recuperação após contraírem COVID-19 podem apresentar sintomas como arrependimento, ressentimento, solidão, desamparo, depressão, ansiedade, fobias, irritação, privação do sono e até mesmo ataques de pânico. Para reduzir problemas psicológicos dentro da escola, educadores, funcionários, pais e alunos devem:

- Estar atentos às mudanças no comportamento de pessoas em sua proximidade e reportar caso notem algo para alguém indicado como responsável por esta tarefa.
- Organizar grupos de WhatsApp ou reuniões *on-line* semanais com o intuito de falar sobre os desafios dentro do contexto da pandemia.
- Se possível, o estabelecimento pode contratar (ou indicar) um especialista para lidar com os casos mais severos de problemas psicológicos dentro do ambiente escolar. Este atendimento pode ser feito *on-line*, o que reduz custos e não oferece riscos de contágio para nenhuma das partes.
- Tem sido relatado que o equilíbrio da flora intestinal é quebrado em pacientes com COVID-19, que manifestam uma redução significativa dos probióticos intestinais, como *lactobacillus* e *bifidobacterium*. Por isso, uma alimentação rica em fibras e que inclui alimentos probióticos é recomendada para pacientes em recuperação com o intuito de melhorar a saúde geral e reduzir os riscos de uma reinfecção por COVID-19 (MAK et al., 2020).

4.5 Estabelecendo uma boa comunicação dentro e fora da escola

A boa comunicação entre os membros da comunidade escolar é algo fundamental para manter todos seguros e saudáveis e evitar *fake news*. Eis algumas sugestões para que uma boa comunicação seja estabelecida e mantida entre a equipe escolar, pais e alunos:

- Pedir (e relembrar!) aos estudantes que avisem prontamente o professor ou responsável pela atividade em curso caso se sintam mal ou apresentem sintomas respiratórios.
- Atualizar a lista de contatos de emergência de cada aluno e incluir os telefones das autoridades de saúde locais. Se a escola possuir enfermaria, incluir um telefone de contato.
- Assegurar que os professores estejam cientes dos recursos presentes na escola para que possam utilizá-los.
- Promover a partilha de informações através da página da escola, reuniões *on-line*, grupos de *WhatsApp*, entre outros meios.
- Incentivar a comunicação com os pais por telefone ou *e-mail*, em vez de reuniões presenciais. Uma opção é utilizar sistemas de relatórios *on-line* para assegurar que os pais obtenham um *feedback* completo sobre o progresso de seus filhos sem que tenham de ir à escola.
- Os pais ou responsáveis devem alertar as autoridades escolares caso alguém em sua casa seja diagnosticado com COVID-19 e não levar o filho à escola, mesmo que não seja ele a pessoa infectada.
- Utilizar comissões de pais e professores para promover a partilha de informações.
- Praticar a abordagem de questões e preocupações dos alunos, inclusive por meio do desenvolvimento de materiais que sejam compreensíveis para cada idade, tais como cartazes que possam ser colocados em quadros de avisos, banheiros e outros locais centrais.
- Solicitar aos estudantes e membros da equipe de trabalho que notifiquem a escola, caso sintam sintomas de doenças respiratórias, se entraram em contato com alguém infectado ou se estiveram em hospitais recentemente.
- Contactar funcionários ausentes e pais ou responsáveis por alunos ausentes para verificar as razões das faltas.
- Partilhar apenas informações de fontes seguras com a equipe de trabalho escolar, pais ou responsáveis e estudantes. Procurar fornecer informações atualizadas sobre a situação da doença.

- Compartilhar com todos a importância dos procedimentos adotados pela escola e as razões para tal com educadores e demais funcionários, pais e alunos.
- Padronizar a conduta com que os indivíduos possivelmente infectados são tratados na escola, para prevenir preconceitos e estigma.
- A COVID-19 coloca em risco certos grupos de pessoas (ver grupo de risco na seção 1.4). Isso significa que alguns funcionários ou alunos precisarão revelar informações confidenciais sobre si mesmos pela primeira vez, como gestações ou doenças que podem ser estigmatizadas (aids, por exemplo). Portanto, é importante estabelecer um procedimento confidencial para revelar tais informações sensíveis e preservar a privacidade de todos caso necessitem de autoisolamento devido às suas condições de saúde.
- Registros de licença por doença de funcionários ou estudantes devem ser mantidos. Isso ajuda na detecção precoce de possíveis surtos de COVID-19 e dificulta que pessoas deixem de cumprir suas tarefas alegando falsamente estarem doentes.

5

Implementando uma educação eficaz e voltada à saúde

A pandemia da COVID-19 criou certas dificuldades na educação de jovens e crianças. Um dos caminhos para vencer essa crise é abordar assuntos relacionados à saúde o tanto quanto for possível dentro do currículo a ser cumprido, ou seja, neste momento, é imprescindível que os educadores procurem informar os alunos sobre os diversos aspectos da saúde humana e sobre a prevenção de doenças, incluindo a COVID-19.

Abordagens voltadas para esse tema informam, educam, reduzem medos e ansiedades e combatem notícias falsas sobre a pandemia. Tudo isso ajuda a formar alunos aptos a frequentar a escola presencialmente respeitando os protocolos de higiene e distanciamento social. Alunos cientes da importância dos procedimentos para evitar o contágio da COVID-19 devem procurar cumpri-los com maior empenho.

Uma educação voltada para a saúde, incluindo cuidados com a saúde mental, também irá contribuir para reduzir problemas comportamentais causados ou agravados por situações causadas pela pandemia, como inseguranças, conflitos entre familiares, isolamento, distanciamento e perda de pessoas queridas.

Este capítulo possui algumas sugestões de como a escola pode implementar práticas e atividades para a manutenção da saúde física e mental dos alunos em tempos de pandemia.

5.1 Práticas para estimular a manutenção da saúde física e mental

Para implementar uma educação voltada à saúde, algumas estratégias podem ser adotadas, por exemplo:

- Ensinar, praticar e relembrar com frequência bons comportamentos de saúde, tais como os descritos no capítulo 2 deste guia.
- Introduzir e praticar comportamentos de distanciamento social, como aqueles citados na seção 3.4, por meio de jogos e outras atividades.
- Praticar atividades que ajudem a reduzir a tensão que os alunos podem estar experienciando tanto na escola quanto em casa (ver seção 6.2).
- Orientar os alunos sobre como apoiar seus colegas e prevenir a exclusão, o *bullying* e o estigma de pessoas que foram infectadas ou tiveram casos de COVID-19 na família.
- Explicar aos alunos que é normal experimentar sentimentos negativos diante desta situação e encorajá-los a falar com os professores quando tiverem quaisquer perguntas ou preocupações.
- Encorajar os alunos a expressar seus sentimentos, questões e preocupações através de redações, leitura de textos, artes plásticas, teatro e outras atividades pertinentes à matéria dada e à idade.
- Trabalhar com os funcionários de saúde e assistentes sociais da escola para identificar e apoiar alunos e membros da equipe que possam estar exibindo sinais de angústia.
- Oferecer apoio especial aos grupos mais vulneráveis, como idosos, obesos e pessoas com problemas de saúde preexistentes. Isso pode ser feito de uma maneira discreta; por exemplo, por meio de mensagens de telefone ou *e-mail.*

- Considerar as necessidades específicas dos alunos com deficiência e como as populações marginalizadas podem ser mais gravemente afetadas pela doença e por seus efeitos secundários.
- Examinar quaisquer implicações específicas dos alunos que possam aumentar seu risco de contágio, tais como a responsabilidade de cuidar dos doentes em casa ou outras incumbências fora da escola.
- Enfatizar o que os alunos podem fazer para manter a si próprios e aos outros em segurança, como praticar os comportamentos de higiene sanitária ensinados na escola.
- Ensinar aos alunos informações básicas sobre a COVID-19, incluindo sintomas, complicações, transmissão e prevenção.
- Fornecer informações de uma forma honesta, baseada em fatos e de modo a não sobrecarregar os estudantes.
- Assegurar que o conteúdo ensinado seja adequado a idade, gênero, etnia e deficiência e que as atividades sejam incorporadas aos assuntos já existentes no currículo escolar.
- Introduzir informações sobre a prevenção e o controle de doenças infecciosas nas atividades escolares e incluir estudos relacionados à saúde nas diferentes disciplinas, por exemplo:
  - os cursos de ciências podem abranger o estudo de vírus, a transmissão de doenças e a importância das vacinações;
  - os estudos sociais podem abordar a história das pandemias e seus efeitos secundários e investigar de que forma as políticas públicas podem contribuir para a manutenção da saúde coletiva.

5.2 Promovendo a educação sanitária específica para cada faixa etária

Seguem-se mais sugestões sobre como envolver estudantes de diferentes idades na prevenção e no controle da propagação da COVID-19. As atividades sugeridas podem ser contextualizadas com base nas necessidades específicas das crianças (como idade, capacidade individual, etnia e sexo).

5.2.1 Pré-escola e Ensino Fundamental I

- Se a escola trabalha com crianças pequenas, convidar os pais e responsáveis nos primeiros dias de aula para que auxiliem os estudantes na implementação das regras de higiene pode tornar o processo de aprendizado mais fácil para elas e para a escola. Inclusive, se necessário, os pais e responsáveis podem praticar certos procedimentos com as crianças em casa.
- Educadores podem escolher uma música curta e ensinar as crianças a cantá-la enquanto lavam as mãos para praticarem os 20 segundos de duração recomendados durante a higienização.
- Crianças pequenas podem "praticar" a lavagem das mãos com um higienizador de mãos.
- Desenvolver uma forma de rastrear a lavagem das mãos e recompensar a lavagem frequente/temporal.
- Usar bonecos para demonstrar sintomas (espirros, tosse, febre) e o que fazer caso sintam-se doentes (isto é, dores de cabeça ou estômago, febre ou cansaço extra) e como abordar alguém doente (cultivando empatia e comportamentos de cuidado seguros).
- As crianças devem sentar-se mais afastadas umas das outras, praticar esticar os braços ou "bater as asas" (para criar espaço entre elas), e devem manter espaço suficiente para não tocarem nos colegas.
- Criar jogos e premiar as crianças que conseguirem permanecer de máscara durante um período determinado; para crianças pequenas, pode ser apenas em filas ou durante a entrada e a saída da escola.
- Contar histórias de heróis mascarados para que as crianças desejem usar máscaras como os personagens.
- Ajudar as crianças a compreender os conceitos básicos de prevenção e controle de doenças, o que inclui os procedimentos de prevenção da COVID-19 adotados pela escola e sua importância.
- Utilizar exercícios que demonstrem como os germes podem se propagar. Por exemplo, pulverizar água colorida sobre um pedaço de papel branco, observando a distância percorrida pelas gotículas.

- Demonstrar por que é importante lavar as mãos durante 20 segundos com água e sabão. Colocar uma pequena quantidade de algum tipo de maquiagem, como uma sombra com brilho, nas mãos dos alunos e pedir que lavem as mãos apenas com água. Indicar o quanto de brilho resta e depois pedir que lavem as mãos durante 20 segundos com água e sabão.
- Pedir aos alunos que analisem textos para identificar comportamentos de alto risco e sugerir comportamentos de modificação. Por exemplo: "Um professor vem à escola com o nariz congestionado. Ele espirra e cobre a boca com a mão. Aperta a mão de um colega. Ele limpa as mãos depois com um lenço de pano, coloca-o no bolso e depois vai para a aula para ensinar. O que fez o professor de errado? O que ele deveria ter feito em vez disso?".

5.2.2 Ensino Fundamental II e Ensino Médio

- Afirmar aos alunos que eles podem ajudar suas famílias a ter comportamentos saudáveis para evitar a propagação da COVID-19, inclusive por meio do que estão aprendendo na escola sobre o assunto.
- Explicar detalhadamente aos alunos a importância dos procedimentos de prevenção da COVID-19 adotados pela escola e sua eficiência.
- Pedir aos alunos que façam seus próprios anúncios de utilidade pública, como cartazes escolares.
- Dar aos alunos a responsabilidade de ser o exemplo às crianças menores sobre os comportamentos de prevenção da COVID-19 que aprenderam na escola.
- Dar temas de redação sobre comportamentos de risco durante a pandemia e suas possíveis consequências e fazer apresentações curtas sobre elas.
- Criar jogos, como um *quiz* ou charadas, sobre medidas preventivas, sintomas e outros aspectos da COVID-19, por alguns minutos por dia no final da aula para reforçar as informações mais importantes.

Novas perguntas e respostas podem ser adicionadas ao jogo a cada semana letiva.

5.3 Dando continuidade à aprendizagem a distância

A comunicação bidirecional baseada em tecnologia é agora uma característica da educação a distância, mas os materiais impressos continuam sendo um componente importante. *E-mails*, bate-papo via aplicativos e videoconferências são os modos de comunicação mais econômicos através da internet. O momento exige que os professores sejam flexíveis e criativos mediante o ensino a distância, pois lidar com alunos por videochamada representa um desafio diferente do encontrado em uma sala de aula tradicional.

Vejamos algumas sugestões para dar continuidade à educação usando metodologias de ensino a distância:

- Uso de estratégias *on-line/e-learning;*
- Uso de plataformas que oferecem atividades escolares *on-line;*
- Aulas EAD (ensino a distância);
- Atribuição de leituras, exercícios, tarefas e atividades individuais para estudos fora da escola;
- Transmissões de rádio, *podcasts* ou televisão de conteúdo acadêmico.
- Recomendação de canais/programas de televisão de ensino previamente escolhidos pelos educadores;
- Adoção de cadernos de exercícios que devem ser completados pelos estudantes e corrigidos *on-line* com o auxílio de um professor;
- Combinação do aprendizado remoto com o aprendizado presencial sempre que a situação permitir, uma vez que longos períodos de aprendizado remoto podem ter efeitos negativos no progresso educacional dos alunos.

Observação: Para um melhor aprendizado, os cursos EAD devem incorporar oportunidades de comunicação síncrona (em tempo real), pois cursos neste formato costumam ser mais produtivos.

5.3.1 Práticas para estimular o aprendizado das crianças em casa

- Criar um horário e uma rotina de aprendizagem em casa.
- Ter horários de sono consistentes, fazendo com que a criança durma e acorde no mesmo horário nos dias de aprendizagem.
- Desenvolver rotinas consistentes que funcionem para as crianças e reforçá-las por meio de lembretes, horários escritos, *feedbacks* positivos, recompensas e outros.
- Insirir intervalos nos estudos para atividades divertidas, intervalos, refeições e lanches saudáveis, tempo ao ar livre e atividades físicas.
- Sempre que possível, criar um espaço designado e tranquilo para o aprendizado *on-line*.
- Tentar fazer com que o estudante escolha um espaço onde se sinta confortável em aprender.
- Limitar as distrações, como a circulação de pessoas ou animais de estimação, sons de programas de televisão ou rádio e outros dispositivos que possam desviar a atenção da aprendizagem.
- Estabelecer regras para que todos em casa façam silêncio enquanto alguém estiver em aula.
- Para crianças mais novas ou com dificuldades de concentração, permitir intervalos mais frequentes e usar um cronômetro para indicar o fim das pausas.
- Considerar a possibilidade de oferecer intervalos como recompensa por completar atividades mais desafiadoras.
- Para crianças menores ou com deficiências sensoriais, sentar-se à mesa o dia todo pode ser um desafio. Considerar alternativas como espaço no chão com almofadas ou uma bola de ioga.
- Oferecer oportunidades para que a criança passe algum tempo longe das telas.
- Oferecer visitas virtuais de campo, a museus e outras atividades educativas que podem ser organizadas em casa como opções

adicionais de aprendizado além do trabalho escolar regular e sem abrir mão da segurança.

- Considerar atividades práticas, como enigmas, pintura, desenhos e atividades com argila para complementar as atividades de aprendizagem *on-line* e reduzir o tempo em frente à tela.
- Incentivar a criança a explorar audiolivros ou *ebooks* disponíveis em bibliotecas virtuais para incentivá-la a ler por diversão.
- Incentivar a praticar caligrafia e gramática escrevendo cartas para amigos e familiares. Isso, além de ser um bom exercício, ajuda a criança a se sentir conectada aos outros sem contato pessoal.
- Considerar iniciar um diário com os alunos para documentar este momento e escrever sobre as experiências deles.
- Revisar as tarefas da escola e ajudar o estudante a estabelecer um ritmo em que seja possível completar seus trabalhos escolares.
- Considerar utilizar alguns minutos no final de cada dia para conversar com a criança sobre seu progresso escolar naquele dia.

5.3.2 Estratégias para dar aulas a distância

Mesmo na melhor das circunstâncias, dar aulas a distância pode apresentar mais obstáculos em comparação às aulas presenciais. Um dos grandes desafios da aprendizagem remota é tirar o máximo de proveito do tempo das aulas. Vejamos algumas estratégias que podem ajudar a fazer do ensino a distância um sucesso:

- Os alunos devem criar o hábito de participar das aulas, tornando o aprendizado *on-line* o mais interativo possível. O desafio inicial talvez seja apenas motivá-los a aparecer ou a completar as tarefas. O segundo desafio é mantê-los atentos às aulas, e o hábito de fazê-los participar deve ajudar nesta tarefa.
- Os estudantes precisam de oportunidades não apenas para ouvir ou ler, mas para processar ativamente as informações que estão sendo apresentadas. Portanto, faça perguntas periódicas aos alunos ou

responda às perguntas sobre quando, o quê, onde ou por que algo aconteceu. Esta é uma forma prática de ajudá-los a absorver e lembrar do conteúdo.

- Deixe as metas e expectativas de cada aula bem claras desde o início. Os professores devem especificar quando os alunos devem aparecer e exatamente quais tarefas eles precisam completar.
- Faça os alunos se engajarem nas aulas a distância, incentivando-os a ser mais independentes. Deixe bem claro sobre o que eles devem fazer antes, durante e depois das sessões *on-line*.
- Enfatize tendências positivas no grupo como: "Mais alunos completaram a tarefa desta vez, parabéns ao grupo!". Comentários sobre a participação positiva dos alunos faz com que eles cumpram melhor as tarefas devido ao "comportamento de grupo".
- Mantenha o equilíbrio entre aprendizagem síncrona e assíncrona. O aprendizado remoto pode ser feito de forma síncrona, com todos *on-line* ao mesmo tempo, ou assíncrona, com os alunos acessando a mesma aula em horários diferentes. Aulas síncronas não só permitem um *feedback* imediato dos professores, mas também que haja uma conexão com os alunos, fazendo-os com que se sintam parte de um grupo.
- Foque no conteúdo, não na capacidade de compreensão. As horas gastas praticando a compreensão dos termos inerentes a cada matéria são muitas vezes desperdiçadas, e isso pode ser estudado previamente pelos alunos. Por isso, passar mais tempo em um tópico mas ter conteúdo novo sendo apresentado a cada aula irá de toda forma construir o conhecimento e o vocabulário necessários para a compreensão da matéria.
- Faça com que os alunos pratiquem "encontrar a ideia principal ou o sujeito da frase" em passagens em que eles possam aprender outras coisas além das regras gramaticais. É melhor que os professores façam perguntas que levem as crianças a pensar profundamente sobre como os pássaros voam ou sobre o sistema solar (ou qualquer conteúdo que esteja incluído no currículo), do que praticar gramática com frases cotidianas.

- Mantenha as estratégias *on-line* o mais simples possível para ajudar a reduzir o tempo dedicado a aprender sobre aplicativos em vez de assuntos de aula. Por isso, tente não usar muitos aplicativos ou plataformas diferentes.
- Procure conectar o novo conteúdo ao antigo e dar exemplos, para criar uma associação entre os conteúdos, o que facilita o aprendizado como um todo.
- Ao introduzir um novo conceito ou habilidade, os professores podem dar exemplos aos alunos. Por exemplo, podem mostrar um problema matemático já trabalhado ou um vídeo no qual seja demonstrado como resolvê-lo e explicar o que eles estão vendo e por quê.
- De acordo com algumas pesquisas, o envolvimento dos estudantes cai significativamente quando os vídeos duram mais de 9 a 12 minutos. Por isso, em vez de uma aula *on-line* de 45 ou 60 minutos, forneça segmentos de não mais que 15 a 20 minutos, especialmente se o assunto for novo ou se os alunos forem mais jovens. Fragmentar a informação, transmiti-la em sessões mais curtas e voltar aos mesmos pontos mais tarde impulsiona o aprendizado.
- Cronometre o tempo de cada atividade para tornar as aulas síncronas mais produtivas. As transições entre as atividades são cruciais para manter a dinâmica e o engajamento dos estudantes. Elas também são necessárias para reduzir o desperdício de tempo.
- Teste tudo, planeje com antecedência e aceite que nem sempre tudo irá funcionar como planejado. Faça seu melhor para estar preparado para imprevistos. Planejar-se com antecedência poderá minimizar a “perda” de tempo e aprendizado quando as coisas falharem, como queda na internet, *links* que não funcionam, vídeos sem som, entre outros.
- Considere a criação de grupos de estudos presenciais pequenos, com estudantes que possuem maiores dificuldades. Alunos com recursos limitados ou com deficiências, por exemplo, podem ter seu aprendizado mais prejudicado pela pandemia devido ao acesso limitado à tecnologia remota, menor apoio do que necessitam e outras dificuldades relacionadas à sua condição.

- O ensino presencial seguro também pode compensar os impactos sociais, emocionais e mentais negativos do aprendizado virtual prolongado.
- A elaboração de cursos *on-line* exige um bom conhecimento técnico; por isso, contratar consultores para que os professores tenham apoio para iniciar suas aulas EAD e disponibilizá-las *on-line* é um bom investimento. Para mais informações sobre comunicação educacional e científica, acesse o *site* da *The Natural Media* (thenaturalmedia.com), que disponibiliza material em português sobre o assunto, assim como cursos *on-line* sobre filmagem e comunicação educacional.
- À medida que aprendemos mais sobre como o aprendizado remoto funciona, podemos sempre tentar fazer melhor, pois mesmo depois que a crise atual terminar a tendência mundial é que parte das aulas continue sendo oferecida a distância.

6

Reduzindo o estresse na comunidade escolar

A COVID-19 é uma doença recente, e ainda estamos em constante aprendizado sobre como ela afeta crianças e jovens. Sabemos que o novo coronavírus pode ser fatal, principalmente entre os mais velhos ou com condições médicas preexistentes, o que inclui familiares e pessoas próximas aos alunos. Os medos gerados por esta situação está afetando crianças e jovens de uma forma mais profunda, causando inseguranças, depressão, insônia, ansiedade e outros transtornos comportamentais prejudiciais à saúde mental e ao aprendizado. Assim, além de lidar com a COVID-19 e formas de prevenção, a escola também deverá lidar com seus efeitos colaterais, ou seja, com os resultados psicológicos da pandemia nas pessoas.

O medo e a ansiedade sobre o que poderia acontecer podem ser esmagadores e causar fortes transtornos, especialmente nos mais novos. As ações de saúde pública, como o distanciamento social, também podem contribuir na redução da saúde mental das pessoas, fazendo com que se sintam isoladas e solitárias. Entretanto, apesar de essas ações serem necessárias para reduzir a propagação da COVID-19, procurar por formas de dar continuidade ao ensino e lidar com a situação atual de forma saudável fará com que toda a comunidade escolar se beneficie, ainda que seja desafiador. Neste capítulo, encontram-se algumas sugestões para reduzir o estresse dentro da comunidade escolar, o que irá contribuir para um melhor aprendizado e um ambiente mais saudável para todos.

6.1 Estratégias para a melhora da saúde mental dentro e fora da escola

Existem ações por parte dos membros da comunidade escolar que podem ajudar todos a criar um ambiente educacional mais saudável e construtivo. Isso é especialmente benéfico às crianças e aos jovens, que muitas vezes ainda não possuem a maturidade necessária para superar todos os desafios que a pandemia trouxe. Eis algumas ações que podem contribuir para um ambiente escolar mais sadio:

- Compreender as informações básicas sobre a doença COVID-19, principalmente sobre a transmissão e a prevenção. Assim, os adultos poderão sanar prontamente as dúvidas e preocupações dos mais jovens.
- Manter-se informado sobre a COVID-19 através de fontes confiáveis, como OMS, Anvisa e Unicef, permitirá combater informações e notícias falsas que possam circular dentro da escola ou *on-line*.
- Os sintomas da COVID-19 (veja principais sintomas na seção 1.1) podem ser semelhantes aos da gripe ou de resfriado comuns. Por isso, por via das dúvidas, os alunos doentes devem ser mantidos em casa, o que também evita conflitos na escola.
- Pais e educadores devem saber reconhecer prontamente os sintomas da COVID-19 (tosse, febre, falta de ar) para que possam agir rapidamente e evitar que o aluno em questão dissemine a doença para outros. Consultar seção 1.1 para ver os principais sintomas de COVID-19.
- Ensinar às crianças boas práticas de higiene, como as descritas no capítulo 2, até tornar-se um hábito.

- Se o ambiente escolar permitir, realizar atividades em pátios e outros locais ao ar livre como uma forma de reduzir o estresse durante as atividades escolares e os riscos de transmissão.
- Quando possível implementar jogos educativos e filmes como parte das atividades e uma forma nova de aprender, fazer algo diferente e relaxar.
- Incentivar professores, funcionários e alunos para que reduzam o tempo utilizado para assistir, ler ou ouvir notícias sobre a COVID-19 quando estiverem se sentindo sobrecarregados ou aflitos.
- Considerar realizar um ciclo de palestras virtuais sobre saúde mental em tempos de pandemia e convidar um psicólogo para palestrar sobre o assunto (*on-line* ou ao ar livre), dar dicas e responder a dúvidas.
- Pessoas em severo estado de estresse costumam apresentar altos riscos nutricionais. Por isso, elas devem ser aconselhadas a obter ajuda psicológica e também nutricional.

6.2 Como reduzir o estresse de crianças e jovens

Os alunos podem responder ao estresse de diferentes formas. As respostas mais comuns incluem dificuldades para dormir, fazer xixi na cama, ter dores de cabeça ou estômago, ansiedade, retração, irritabilidade, medo de ficar sozinho, entre outras. Alguns dos comportamentos que ajudam na redução do estresse e angústia de jovens e crianças são os seguintes:

- Divulgar informações e fatos sobre a COVID-19 de modo a diminuir os medos e ansiedades dos estudantes em torno da doença. Isso lhes dará apoio para lidar com quaisquer impactos da pandemia em suas vidas.
- Explicar o que está acontecendo em palavras simples e **sempre** de uma forma tranquilizadora, de modo a fazer com que se sintam seguros.
- Fornecer fatos adequados à idade sobre o que está acontecendo. Explicar o que se passa e dar-lhes exemplos claros sobre o que podem fazer para proteger a si próprios e aos outros.

- Responder às reações de uma forma que os apoie e explicar-lhes que suas reações são normais.
- Neste momento, crianças e jovens precisam sentir-se seguros e necessitam de adultos que sejam pacientes e bem-informados.
- É importante ouvir suas preocupações, dedicar tempo para confortá-los, dar-lhes carinho, tranquilizá-los e elogiá-los frequentemente.
- Sempre que possível, criar oportunidades para brincarem e relaxarem.
- Manter rotinas e horários regulares tanto quanto possível, especialmente em relação ao horário de dormir.

6.3 Como os alunos podem reduzir seu próprio estresse

Na atual situação, é normal que alguns alunos sintam-se tristes, preocupados, confusos, assustados ou irritados. Para que isso seja amenizado, eles devem ser incentivados a conversar com alguém em quem confiem, como seus pais ou professores. Para isso, os adultos podem pedir aos estudantes que:

- Façam perguntas, eduquem-se e obtenham informações sobre a pandemia de fontes confiáveis. Trabalhos escolares podem versar sobre temas como este.
- Pratiquem bons hábitos de higiene pessoal e respiratória (ver capítulo 2) e mantenham o distanciamento adequado. Estes hábitos reduzem a ansiedade relacionada ao contágio da COVID-19 e dão aos alunos certo controle para que se sintam seguros.
- Partilhem com sua família e amigos o que aprenderam sobre prevenção de doenças, especialmente com crianças mais novas.
- Sejam um exemplo de boas práticas de higiene, como espirrar ou tossir na parte de dentro do braço e lavar as mãos, especialmente para os membros mais jovens da família/escola.
- Não estigmatizem os colegas ou provoquem outros sobre estarem doentes. A empatia também pode ser aprendida.

- Procurem atividades de lazer que sejam relaxantes e que não os coloquem em risco de contrair COVID-19, como jogos, certas atividades físicas e meditação.

7

Medidas preventivas para áreas destinadas à alimentação

As áreas destinadas à alimentação recebem muitas pessoas, e por isso necessitam de cuidados e higienização frequentes. Nestes locais, é importante evitar ao máximo aglomerações, o que pode ser feito por meio de um número reduzido de pessoas nas áreas de alimentação ao mesmo tempo.

Os locais para consumo de alimentos devem permanecer abertos apenas quando não existirem outras alternativas práticas para a alimentação dos frequentadores do estabelecimento de ensino, visto que, se alunos e funcionários necessitarem fazer as refeições em locais fora da escola, como em restaurantes, o risco de trazerem COVID-19 para dentro da escola é maior.

Atualmente não existem evidências que apoiem a transmissão da COVID-19 através do consumo de alimentos, mas é possível que uma pessoa seja infectada ao entrar em contato com algum objeto ou superfície contaminada nos locais de alimentação. Por isso, a boa higiene é fundamental. Neste capítulo, seguem-se sugestões de como manter os locais de alimentação higienizados, seguros e preparados para receber pessoas em tempos de pandemia.

7.1 O potencial de transmissão da COVID-19 por meio dos alimentos

De acordo com a OMS (2020a), é improvável que ocorra o contágio da COVID-19 a partir da ingestão de alimentos. Esta é uma doença respiratória, e a principal via de transmissão primária é através do contato entre as pessoas e do contato direto com gotículas respiratórias geradas quando uma pessoa infectada tosse, espirra ou fala. Sabe-se que o vírus causador da COVID-19 não possui a capacidade de se multiplicar em alimentos, pois necessita de um hospedeiro animal ou humano para tal. Além disso, até o momento não existem provas científicas de que a transmissão de vírus que provoque doenças respiratórias se dê através de alimentos, mas, como a COVID-19 é uma doença nova, devemos ser proativos e agir sempre com precaução.

7.2 Medidas administrativas para locais destinados ao consumo de alimentos

Em locais destinados às refeições, é importante que as medidas de higiene pessoal sejam reforçadas entre os frequentadores, como por exemplo:

- Disponibilizar um higienizador de mãos para os consumidores no seu percurso de entrada e saída das instalações alimentares.
- Designar um funcionário para lidar com dinheiro e outro(s) para servir os alimentos, sempre que possível.
- Organizar os locais que servem os alimentos para que as pessoas coletem suas refeições e as consumam em outro lugar, evitando aglomerações.
- Reduzir o número de pessoas no refeitório ao mesmo tempo através de uma fila de espera, esquemas de horário ou outros meios aplicáveis.
- Caso o espaço para refeições seja reduzido, alternar os horários para frequentar o refeitório entre as turmas, reduzindo o risco de contágio entre elas.

- Posicionar mesas e assentos de modo a manter o distanciamento social adequado.
- Se a opção existir, mover a área de alimentação para um local aberto, onde exista uma melhor circulação de ar e que permita um distanciamento mais eficiente entre as pessoas.
- Quando possível, encorajar os alunos a fazer as refeições ao ar livre, respeitando o distanciamento adotado pela escola (ver seções 2.4 e 3.4.1).
- Se a área de alimentação possuir um exaustor (equipamento que expulsa o ar interno para o exterior), mantê-lo ligado para preservar a qualidade do ar (ver seção 3.5).
- Sempre que possível, incentivar as crianças e jovens a comer nas salas de aula ou ao ar livre, caso o refeitório seja fechado ou apertado.
- Colocar cartazes e avisos visíveis lembrando todos para que não falem enquanto não estiverem usando máscara, **mantenham um distanciamento social mínimo de 1,80 metros enquanto estiverem sem máscara** (ver seção 2.4) e higienizem corretamente as mãos, entre outras medidas.
- Introduzir procedimentos de limpeza e desinfecção de equipamentos, instalações, superfícies e pontos de contato como bancadas, mesas, puxadores, maçanetas e cadeiras. Qualquer objeto ou superfície tocada por várias pessoas deve ser desinfectada com frequência (ver capítulos 9 e 10).
- É importante lembrar que **não foi estabelecida uma distância mínima segura entre as pessoas que seja suficiente para prevenir o contágio da COVID-19 sem o uso de máscaras**. Portanto, o uso de máscaras é imprescindível (ver seções 2.2.4 e 2.4).

7.3 Medidas de higiene para locais que servem alimentos

Para organizar a higiene dos expositores de alimentos e evitar a transmissão da COVID-19 por meio do contato com uma superfície contaminada, as seguintes medidas podem ser tomadas (WHO, 2020a):

- Funcionários que servem os alimentos devem usar máscara e seguir rigorosamente as normas de higiene descritas neste guia (capítulo 2).
- Funcionários devem ser orientados a não conversarem e se afastarem caso forem espirrar ou tossir enquanto servem os alimentos, mesmo usando máscara.
- Funcionários que lidam com alimentos devem lavar suas mãos com frequência, e, se usarem luvas, estas devem ser trocadas antes e depois da preparação dos alimentos (ver seção 8.1).
- Funcionários devem limpar e higienizar frequentemente os balcões, utensílios e recipientes de condimentos, assim como todos os objetos e superfícies em contato com os alimentos.
- Recipientes fechados ou cobertos devem ser utilizados para servir alimentos, e estes devem ser servidos com o auxílio de pinças e talheres.
- Se alimentos forem disponibilizados embalados, as embalagens devem ser devidamente desinfectadas antes de serem colocadas à disposição dos consumidores.
- Deve-se evitar expor ou vender abertamente alimentos não embalados em balcões de autoatendimento.
- A higienização de objetos e superfícies que entram em contato com alimentos deve ser feita com desinfetantes que não deixem resíduos prejudiciais à saúde humana, como detergentes próprios para o uso em cozinhas e álcool a 70% sem fragrâncias. Veja o capítulo 10 para mais detalhes sobre o uso correto de desinfetantes no combate à COVID-19.

7.4 A conduta em locais destinados à alimentação

Para manter os locais destinados à alimentação seguros e higienizados são necessárias medidas estritas de higiene entre os frequentadores do local, tais como:

- Respeitar e praticar as medidas básicas de higiene e etiqueta respiratória descritas no capítulo 2 deste guia.

- Usar obrigatoriamente a máscara enquanto os frequentadores não estiverem comendo.
- Manter o distanciamento social adotado pela escola (ver seções 2.4), incluindo na distribuição de assentos.
- Se não for possível manter um distanciamento social adequado durante as refeições, instalar divisórias de acrílico ou outro material impermeável nas mesas ou entre elas para reduzir o risco de contágio.
- Restringir tanto quanto possível o contato físico não essencial.

7.5 Os cuidados com bebedouros e outras fontes de água potável

Locais e instalações destinados a fornecer água para consumo devem ser higienizados com frequência, e seus usuários devem ser educados para que não permaneçam nestes locais mais do que o necessário. Vejamos mais algumas sugestões para manter as fontes de água potável seguras para consumo (WHO, 2020a):

- Sempre que possível, fontes de água devem ser colocadas em locais com pouco fluxo de pessoas e devem ser limpas pelo menos uma vez a cada turno (três vezes ao dia).
- Um bebedouro atrai pessoas por si só, portanto a permanência perto de fontes de água deve ser desencorajada.
- A utilização de cartazes pedindo que as pessoas coletem a água e bebam em outro lugar é uma boa medida para evitar aglomerações.
- Deve ser proibido beber água diretamente do bebedouro para evitar a contaminação cruzada (por exemplo, boca em contato inadvertido com o bocal ou guarda protetora do bebedouro).
- O uso de bebedouros deve ser permitido apenas com o uso de copos ou canecas pessoais para coletar a água antes de ser consumida. O copo ou caneca deve ser distinto de outros recipientes utilizados para evitar o compartilhamento inadvertido.

- Avisos podem ser fixados proibindo beber água diretamente do bebedouro, lavar as mãos ou objetos pessoais e pedindo que não se compartilhem copos.
- Vale lembrar que copos descartáveis podem ser contaminados facilmente antes mesmo de serem utilizados, e, se não forem descartados corretamente, podem infectar outras pessoas, inclusive o pessoal da limpeza e coleta de lixo. Por todas essas razões, devem ser evitados.
- Incentivar todos para que tragam sua própria água para minimizar a utilização de fontes na escola, reduzir a circulação de pessoas que buscam por água e o número de pessoa em contato com as fontes de água potável da escola.
- Considerar a instalação de métodos de ativação sem toque para os bebedouros e outras fontes de água.
- A água potável de torneiras, chuveiros e outras fontes deve ser substituída caso o prédio tenha sido mantido fechado por um longo período (ver a seção 3.1.1).

8

Medidas para a proteção da equipe de trabalho

A COVID-19 está mudando as práticas empregadas na educação e transformou a higienização eficaz e eficiente na base para manter as escolas aptas a receberem alunos sem o risco de um surto de COVID-19 entre os frequentadores. Porém, para que o retorno ocorra de maneira consistente, a saúde de toda a equipe de trabalho deve estar entre as principais prioridades da escola. Manter a segurança da equipe é um investimento para a escola, pois permitirá que os funcionários façam seu trabalho com eficiência, além de reduzir ausências por problemas de saúde. Uma equipe preparada e protegida saberá evitar a contração e a disseminação da COVID-19 e outras doenças infecciosas no ambiente escolar.

As estratégias para apoiar os funcionários da escola devem ser planejadas e praticadas antes mesmo do retorno às aulas, se esta for uma opção. Neste momento, as comunidades escolares possuem uma oportunidade única de criar um foco claro na promoção do bem-estar e da saúde e mostrar resiliência diante da pandemia. Para isso, é importante construir uma atmosfera de confiança entre a administração e os funcionários e demonstrar à equipe escolar que eles terão o apoio necessário para continuar com seu trabalho de uma forma segura, mesmo durante uma pandemia.

Este capítulo possui sugestões de procedimentos e equipamentos necessários para manter a equipe escolar segura e preparada para situações de risco relacionadas a doenças infecciosas em geral, mas com foco especial na prevenção da COVID-19.

8.1 Quando e como utilizar luvas durante o trabalho

A lavagem das mãos é um meio de proteção contra infecções mais eficiente do que o uso de luvas reutilizáveis ou descartáveis. Entretanto, estas podem ser úteis quando utilizadas por funcionários em certos cargos, como os recepcionistas, que geralmente manuseiam objetos e papéis entregues por visitantes, ou funcionários responsáveis por servir alimentos ou fazer a limpeza. Portanto, vejamos algumas diretrizes para o uso correto de luvas:

- Se luvas forem utilizadas, devem ser trocadas quando houver necessidade, e as mãos devem ser lavadas entre a mudança e após as luvas serem removidas completamente.
- Vale lembrar que a remoção incorreta das luvas pode levar à contaminação das mãos, pois seu uso pode dar uma falsa sensação de segurança e fazer com que os funcionários utilizando-as não lavem as mãos com a frequência necessária. Sendo assim, funcionários usando luvas devem ser informados e relembrados da importância da lavagem correta das mãos antes e após a remoção das luvas de trabalho.
- Luvas descartáveis não devem ser utilizadas no ambiente de trabalho como um substituto da lavagem das mãos. O vírus da COVID-19 pode contaminar as luvas descartáveis da mesma forma que contamina as mãos das pessoas. Além disso, luvas contaminadas que não forem desinfectadas ou descartadas corretamente podem ser uma fonte de disseminação da COVID-19.

Observação: Por serem mais duráveis, as luvas feitas de alguns materiais como borracha (natural, nitrílica ou butílica), neoprene e policloreto de vinila podem oferecer uma maior proteção, durabilidade e custo-benefício para o uso em contato com produtos químicos.

8.1.1 Como usar luvas corretamente (Anexo 6)

1. Lave bem as mãos com água e sabão antes de colocar as luvas, para evitar que microrganismos se proliferem entre as luvas e as mãos.
2. Enquanto estiver de luvas, não manipule objetos desnecessariamente. Se ocorrer, lave as mãos enluvadas com água e sabão do mesmo modo que lavaria as mãos.
3. Evite tocar no rosto, especialmente na boca, nariz e olhos.
4. Retire as luvas imediatamente após o término das atividades.
5. Não toque na parte externa das luvas ao removê-las.
6. Se as luvas forem descartáveis, descarte-as em uma lixeira com tampa. Se forem luvas reutilizáveis, desinfecte-as com uma solução de água sanitária a 0,5% (ver seção 10.3.3).
7. Lave as mãos imediatamente após a retirada das luvas.

Observação: Higienizadores de mãos podem ser utilizados para limpar as mãos ou mãos enluvadas quando água e sabão não estiverem disponíveis.

8.2 Medidas administrativas para a proteção da equipe escolar

A manutenção da saúde da equipe escolar é um dos pilares na manutenção do funcionamento das escolas durante o período de pandemia. Para isso, considere oferecer opções de trabalho para os funcionários em maior risco de apresentar formas graves da COVID-19 (ver seção 1.4), como *home office*, ensino virtual ou atribuições diferentes.

A eliminação das tarefas não essenciais dos funcionários também pode ser uma alternativa para que eles possam concentrar-se no que for mais importante, como as relacionadas à prevenção da COVID-19. Uma boa comunicação e orientações claras sobre a ordem de importância das tarefas de cada funcionário são garantias de que os afazeres mais importantes sejam realizados mesmo sob circunstâncias adversas.

8.2.1 Como reduzir o risco de educadores em contato presencial com alunos

Professores e outros funcionários em contato frequente e presencial com os alunos estão entre os mais expostos ao contágio da COVID-19 em locais de ensino, uma vez que necessitam entrar em contato com vários estudantes de diversas turmas. Para proteger a saúde destes educadores, existem algumas alternativas que podem ser adotadas, como:

- Usar escudos faciais ou óculos transparentes juntamente à máscara facial como uma medida que oferece certa proteção contra o contágio via ocular (ver seção 2.3). Estes equipamentos podem ser obrigatórios para funcionários em contato próximo com muitas pessoas, especialmente em ambientes fechados.
- O distanciamento entre o educador e os estudantes em sala de aula deve ser de no mínimo 1,80 metro de distância e com o uso de máscaras em todos os momentos (ver seções 2.4 e 3.4.1).
- Os horários do educador podem ser flexibilizados de modo a evitar que a entrada e a saída da sala de aula ocorram ao mesmo tempo que os alunos.
- Quando possível, a adoção de sanitários exclusivos para educadores deve ser colocada em prática.
- As portas e janelas das salas de aula devem ser mantidas abertas, conforme o clima e os ruídos externos permitirem, como um meio de melhorar a qualidade do ar dentro delas (ver seção 3.5).
- Os alunos devem ser informados e lembrados frequentemente dos riscos enfrentados pelos profissionais do ensino, para que respeitem as regras estabelecidas pela escola relacionadas ao distanciamento social e às práticas básicas de higiene.
- Metodologias de ensino que não obriguem o educador a dar aulas orais por muitas horas usando máscara devem ser adotadas, para reduzir o esgotamento físico do profissional e reduzir o risco de o professor disseminar COVID-19 caso não saiba que está infectado.

- Quando as aulas puderem ser ministradas em auditórios, que permitam um distanciamento maior entre estudantes e professor, essa medida deve ser adotada.
- Aulas ministradas em auditórios podem ser dadas a mais de uma turma de determinado ano ao mesmo tempo, dependendo do tamanho do auditório e do número de pessoas em cada turma. Essa medida irá reduzir o trabalho e os riscos do professor palestrante. Nestes casos, é importante que as turmas entrem e saiam de modo a manter um distanciamento mínimo de 1,80 metro (ou mais) e com o uso correto de máscaras faciais (ver seções 2.2.4, 2.4 e 3.4.1).

8.2.2 Medidas para a proteção dos funcionários da limpeza

As recomendações a seguir são baseadas em situações gerais dentro da rotina de funcionários responsáveis pela limpeza, mas os riscos à saúde dos trabalhadores podem variar entre locais específicos. Por isso, se houver necessidade, um profissional treinado em saúde e segurança deve ser consultado para criar planos específicos para trabalhadores expostos a situações mais específicas. Vejamos as principais recomendações para trabalhadores que manuseiam resíduos humanos, lixo ou esgoto (WHO, 2020c):

- Funcionários que lidam com resíduos possivelmente contaminados necessitam de treinamento sobre princípios básicos para a prevenção de doenças. O treinamento deve incluir informações sobre as práticas básicas de higiene, o uso e descarte de equipamentos de proteção individual (EPIs) e o manuseio adequado de dejetos humanos ou esgoto.
- Os funcionários devem ser instruídos a procurar prontamente atenção médica se apresentarem quaisquer sinais ou sintomas anormais como, diarreia, vômitos e cólicas estomacais.
- Funcionários da limpeza devem estar em dia com as vacinas contra tétano, poliomielite, febre tifoide, hepatite A e hepatite B.
- A equipe de limpeza deve receber EPIs adequados, treinamento sobre como utilizá-los e instalações para lavagem das mãos.

Os seguintes EPIs são recomendados para trabalhadores que manuseiam resíduos humanos ou esgoto:

- Óculos de proteção ou escudo facial à prova de respingos: para proteger o nariz e a boca contra dejetos humanos ou esgoto.
- Macacão ou avental impermeável: para manter respingos longe da roupa.
- Luvas impermeáveis e botas de borracha: para proteger mãos e pés da exposição a dejetos humanos ou esgoto.

Observação: Os EPIs mínimos recomendados pela OMS são luvas de borracha, aventais impermeáveis e calçados fechados (WHO, 2020c).

8.3 A conduta da equipe de limpeza para evitar contrair COVID-19

Os trabalhadores responsáveis pela limpeza e desinfecção dos ambientes de ensino estão sob maior risco de adoecer devido à natureza de suas atividades. Para reduzir este risco e protegê-los contra a COVID-19 e outras doenças, as seguintes orientações devem ser seguidas por esses profissionais:

- Lavar as mãos com água e sabão imediatamente após manusear lixo ou esgoto.
- Evitar tocar no rosto, principalmente na boca, olhos, nariz ou feridas abertas e cortes durante o trabalho.
- Lavar muito bem as mãos com água e sabão antes de comer, beber e usar o banheiro.
- Antes da refeição, remover as roupas de trabalho sujas e comer apenas em áreas designadas para alimentação.
- Não fumar, comer ou mastigar chicletes enquanto manusear lixo humano ou esgoto.
- Manter feridas e cortes cobertos com ataduras limpas e secas.
- Lavar suavemente os olhos com água limpa se houver contato com lixo, água suja ou material de trabalho potencialmente sujo.

- Usar luvas impermeáveis para evitar o contato com dejetos humanos ou esgoto.
- Usar botas de borracha durante uma limpeza mais profunda, caso haja necessidade de lidar com esgoto ou algum outro tipo de água potencialmente contaminada.
- Lavar as mãos com água e sabão imediatamente após a remoção dos EPIs.
- Limpar diariamente roupas de trabalho contaminadas com uma solução de água sanitária a 0,5% dispensada em um frasco *spray*. Veja como preparar esta solução na seção 10.3.3.
- Em caso de derramamento de fluidos e resíduos corporais de pessoas possivelmente infectadas com COVID-19, os trabalhadores da limpeza devem seguir rigorosamente os procedimentos descritos na seção 9.4 deste guia.

9

Como fazer a higiene dos ambientes de ensino

A redução do risco de contato com a COVID-19 é algo fundamental para manter as escolas abertas com sucesso, mas para isso são necessários planejamento e preparo prévios. A manutenção de um bom padrão de higiene por meio da limpeza e da desinfecção diárias dificultará a transmissão da COVID-19 dentro das dependências da escola.

Alguns estudos mostram que o novo coronavírus possui uma viabilidade de vários dias em superfícies como metal, vidro e plástico (BUECKERT et al., 2020), mas foi observado que procedimentos de desinfecção com produtos como álcool etílico a 70%, peróxido de hidrogênio a 0,5% ou hipoclorito de sódio (água sanitária) a 0,1% (ou mais concentrado) são efetivos na rápida inativação do vírus (KAMPF et al., 2020). Portanto, a higienização correta e frequente é uma medida preventiva imprescindível e bastante eficaz.

Este capítulo tem o objetivo de ajudar a escola na tarefa de manter as dependências de ensino higienizadas corretamente e assim proteger a saúde, a segurança e o bem-estar de toda a comunidade escolar.

9.1 Medidas gerais de limpeza e desinfecção

Para que sejam eficazes, a limpeza e a desinfecção de objetos e superfícies devem ser feitas sob as seguintes indicações:

- As salas de aula e outros ambientes dos edifícios escolares devem ser higienizados pelo menos uma vez ao dia, enquanto instalações de água e saneamento necessitam ser limpas e desinfectadas pelo menos uma vez por turno (duas vezes por dia).
- Utilizar água sanitária a 0,5% para desinfectar superfícies como pisos, paredes e azulejos. Já o álcool etílico a 70% pode ser usado para a desinfecção de pequenos objetos (WHO, 2020b). Veja o capítulo 10 deste guia para mais informações sobre desinfetantes e seu uso correto.
- Para a desinfecção ser eficaz, deve ser dada especial atenção às superfícies que são tocadas por muitas pessoas, como maçanetas, pegadores, puxadores, corrimãos, painéis de elevadores, computadores, botões de cafeteira, grades, portões, mesas de almoço, equipamento desportivo, brinquedos, material didático e de aprendizagem, torneiras, botões de descarga (banheiros), entre outros.
- Desinfetantes de superfície à base de álcool etílico hidratado sem fragrância, por não deixarem resíduos, devem ser preferidos para fins de limpeza **onde permanecem crianças menores de 7 anos**. Testes feitos com desinfetantes à base de álcool etílico mostram que estes são eficientes na eliminação do vírus da COVID-19 em concentrações entre 62% e 71% (KAMPF et al., 2020). Portanto, o uso de álcool a 70% na desinfecção desses ambientes é uma medida eficaz e atóxica.
- Desinfetantes comuns à base de amônio quaternário e cloro também possuem propriedades virucidas, mas como deixam resíduos não devem ser utilizados em superfícies onde alimentos são manuseados ou em locais e objetos utilizados pelas crianças. Elas tendem a colocar objetos e mãos na boca, por isso é necessário cautela nos métodos de limpeza utilizados.

- A limpeza e a desinfecção de ambientes onde alimentos são preparados e consumidos devem ser feitas com um detergente próprio para uso em cozinhas, pois outros produtos de limpeza podem deixar resíduos que causam alergias.
- Desinfetantes à base de álcool etílico não são recomendados para locais onde existam chamas, como nas proximidades de fornos e fogões, devido ao risco de acidentes.
- As lixeiras sem tampa, especialmente em banheiros, devem ser substituídas por lixeiras com tampa, e preferencialmente as que possam ser abertas sem o uso das mãos e fecham logo após o uso.
- Lixeiras devem ser desinfectadas por dentro e por fora após cada retirada de resíduos.
- Para evitar o contágio da COVID-19 e para prevenir problemas de saúde devido ao uso intenso de desinfetantes e detergentes, o pessoal encarregado da limpeza deve usar EPIs apropriados, o que inclui máscara, luvas, avental ou macacão impermeável, proteção para olhos (óculos/escudo facial), botas impermeáveis e touca (opcional).
- Estabelecer um cronograma de limpeza e higienização regulares. Fixar uma tabela para ser preenchida com o dia e o horário da última limpeza (e assinatura de quem limpou) em locais como banheiros e cozinhas.

Observação: Limpar é o ato de remover o excesso de quaisquer materiais orgânicos de uma superfície, enquanto a higienização e a desinfecção referem-se a matar microrganismos (como bactérias, vírus e fungos).

9.1.1 Principais materiais para manter a higiene dos ambientes

O material necessário para fazer a limpeza e a desinfecção deve ser providenciado com antecedência e sempre mantido em estoque. São necessários materiais como água sanitária, que possui validade de no máximo 6 meses (ver seção 10.3.1), álcool a 70%, garrafas *spray*, sabão para limpeza geral, sabão líquido ou em barra para mãos, toalhas de papel descartáveis, baldes, panos, rodo, esfregão e EPIs (luvas, máscaras, protetores faciais, aventais ou macacões impermeáveis, botas impermeáveis e toucas), entre outros materiais.

9.2 Procedimentos para a higienização de banheiros, vestiários e chuveiros

Além das medidas preventivas gerais, é importante adotar as seguintes medidas específicas:

- Manter os banheiros higienizados e secos.
- Limpar e desinfectar banheiros, chuveiros e vestiários pelo menos uma vez a cada turno (duas vezes ao dia).
- Providenciar materiais básicos para a higiene das mãos, como sabão, toalhas de papel descartáveis e lixeiras com tampa (preferencialmente que possam ser abertas e fechadas sem o uso das mãos).
- Garantir que o sistema de descarga dos banheiros esteja sempre funcionando adequadamente.
- Fechar as tampas dos banheiros ao dar a descarga; fixar avisos com este pedido aos usuários.
- Manter os banheiros, vestiários e chuveiros bem ventilados (ver seção 3.5).

9.3 Procedimentos após a remoção de uma pessoa infectada

- Se houver suspeita de contágio da COVID-19, tanto o local onde a pessoa suspeita de estar infectada permaneceu quanto tudo aquilo com que ela possa ter entrado em contato devem ser desinfectados.
- Todas as superfícies com potencial de contaminação devem ser higienizadas, incluindo objetos visivelmente contaminados com fluidos corporais ou secreções respiratórias e todas as áreas de alto contato, como banheiros, puxadores de portas, cadeiras e telefones.

- O lixo com lenços e fluidos da pessoa suspeita de estar infectada deve ser eliminado e a lixeira, devidamente desinfectada.
- Se a pessoa suspeita de estar com COVID-19 permaneceu em um local fechado, este deve **ser bem arejado por várias horas antes de receber pessoas novamente,** para garantir que não ocorrerá o contágio da COVID-19 através do ar. Foi demonstrado que o vírus SARS-CoV-2 (causador da COVID-19) é capaz de permanecer viável em gotículas respiratórias (aerossóis) no ar de ambientes fechados durante um experimento de 3 horas de duração (DOREMALEN et al., 2020), e sabe-se que aerossóis contendo COVID-19 podem ser produzidos quando uma pessoa infectada tosse, espirra ou fala (SOMSEN et al., 2020).

9.4 Diretrizes em casos de derramamento de fluidos e resíduos corporais (Anexo 7)

Todos os cuidados necessários devem ser colocados em prática quando funcionários da limpeza necessitarem limpar fluidos corporais (sangue, muco nasal, saliva) ou excreção de pessoas infectadas por COVID-19, pois estes materiais contêm uma carga viral alta, portanto são altamente contagiosos. Para a limpeza e desinfecção nestes casos, as seguintes medidas devem ser tomadas:

1. O pessoal da limpeza deve usar EPIs apropriados.
2. Utilizar jornal ou papel-toalha descartável para limpar sangue, secreções, vômitos ou excrementos durante uma limpeza preliminar.
3. Em seguida, colocar o jornal ou papel absorvente sujos cuidadosamente em um saco de lixo, sem contaminar a si ou ao meio ambiente.
4. Desinfectar todas as superfícies com 0,5% de hipoclorito de sódio (equivalente a 5.000 ppm), ou com uma solução de álcool etílico a 70% para desinfectar objetos metálicos e objetos menores (para mais detalhes, veja o capítulo 10).
5. Após o procedimento, desinfectar todos os utensílios de limpeza reutilizáveis que foram usados.

6. Retirar cuidadosamente os EPIs, mantendo apenas as luvas.
7. Colocar os equipamentos descartáveis em um saco de lixo.
8. Desinfectar óculos/blindagem facial com álcool líquido a 70% e colocar o avental/macacão para lavar (se não for descartável) em um cesto de roupas sujas fechado. Se o macacão não for lavável em máquina de lavar, pode ser desinfectado com álcool a 70%.
9. Higienizar as luvas com álcool líquido a 70% se forem luvas reutilizáveis. Se forem luvas descartáveis, devem ser descartadas em um saco de lixo sem que sejam tocadas na parte externa.
10. Higienizar as mãos. Observar que quando as mãos não estiverem visivelmente sujas, álcool a 70% pode ser usado para desinfectá-las. Mas quando as mãos estiverem visivelmente sujas, devem ser lavadas com água e sabão.
11. Selar bem o saco de lixo e descartá-lo adequadamente em um contêiner de lixo tampado. Sempre etiquetar o lixo e colocá-lo em um local onde pessoas ou animais não irão abrir os sacos de lixo antes da coleta.
12. Lavar as mãos novamente com água e sabão.
13. Garantir que os resíduos sejam removidos diariamente e descartados de forma segura.

10

O uso correto de desinfetantes no combate à COVID-19

Os desinfetantes se diferenciam de outros produtos de limpeza por matarem microrganismos, mas nem todos são eficientes no combate ao vírus da COVID-19. Deste modo, as escolas devem utilizar apenas produtos recomendados pelas autoridades sanitárias no combate à doença. Por outro lado, o uso **incorreto** de desinfetantes comprovadamente eficazes contra a COVID-19 também poderá expor toda a comunidade escolar a um risco desnecessário, ou seja, uma higienização malfeita pode causar um surto de COVID-19 entre os frequentadores do ambiente escolar. Por isso, as instruções de uso devem ser seguidas à risca, e a equipe de limpeza deve ser bem treinada e receber o equipamento necessário para trabalhar com segurança. É importante que a equipe de limpeza esteja ciente da importância de suas responsabilidades neste momento: eles contribuem para evitar que os frequentadores da escola e seus familiares adoeçam.

A correta manutenção da higiene dos espaços públicos dentro da instituição de ensino irá garantir ambientes seguros para as atividades escolares, o que inclui uma higienização regular e correta. Este capítulo fornece informações cruciais para práticas efetivas de limpeza e desinfecção, com especial atenção ao uso de produtos à base de álcool etílico e água sanitária.

10.1 Princípios para uma desinfecção efetiva

Quando uma superfície possui excesso de matéria orgânica, como terra, sangue, secreções ou fluidos, o primeiro passo para uma desinfecção eficaz é a remoção do excesso de matéria orgânica, ou seja, uma limpeza prévia. Isso pode ser feito com água e sabão ou detergente neutro e alguma forma de ação mecânica (escovação, por exemplo). Esta é uma etapa importante, pois a matéria orgânica pode impedir o contato direto e a ação do desinfetante na superfície a ser desinfectada. O segundo passo consiste na aplicação de um desinfetante químico, tal como soluções à base de água sanitária ou álcool etílico, que deve ser aplicado após a limpeza para matar quaisquer microrganismos remanescentes. Por outro lado, se a superfície a ser limpa estiver sem excessos de matéria orgânica, a aplicação de um desinfetante é o suficiente para eliminar microrganismos potencialmente nocivos.

Como regra geral, os desinfetantes levam de cinco a dez minutos de contato para inativar microrganismos. Por isso, após a aplicação é necessário esperar esse tempo para que faça efeito (ANVISA, 2020). Por esta razão, não é recomendada a remoção do desinfetante das superfícies onde foi aplicado logo após sua aplicação, pois ele necessita de tempo suficiente para destruir o vírus.

Por serem de fácil acesso, a água sanitária e o álcool etílico a 70% estão entre os principais desinfetantes utilizados para combater a propagação da COVID-19 e outros patógenos, desde que sejam utilizados corretamente. Veja a seguir as recomendações para o uso seguro e correto desses desinfetantes.

Observações:

- Segundo a Anvisa (2020), toalhas com agentes desinfetantes devem ser evitadas, uma vez que a superfície higienizada não permanece úmida por mais do que poucos segundos. Portanto, é bastante provável que essas toalhas não sejam efetivas contra o vírus da COVID-19.
- A Anvisa (2020) não recomenda o uso dos seguintes materiais e equipamentos para a desinfecção de superfícies e objetos:

– Vassouras e esfregões secos

– Nebulizadores e termonebulizadores

- Frascos de spray com propelente

Importante: Concentrações de desinfetante mais altas do que as recomendadas não serão mais eficazes no combate à COVID-19 e podem acentuar asma e outras condições de saúde relacionadas ao contato com produtos químicos (WHO, 2020c).

10.2 O uso correto de produtos à base de álcool etílico hidratado

O álcool é um potente microbicida com ação antisséptica e desinfetante. Porém, sua atividade depende de sua concentração em relação à água. O álcool, na concentração de 70%, é capaz de destruir a parede celular de microrganismos, incluindo o vírus da COVID-19 (KAMPF, 2020). A água (30%) retarda a evaporação do álcool (70%) quando misturada a ele, o que permite um maior tempo de contato com os microrganismos, exercendo assim uma ação desinfetante mais eficaz.

O álcool hidratado, se composto apenas por álcool etílico e água, não deixará resíduos químicos nas superfícies onde for utilizado (THERMOFISHER SCIENTIFIC, 2019). Por isso, é um produto eficaz e atóxico, que pode ser usado como desinfetante, por exemplo, em refeitórios, enfermarias e áreas onde permanecem bebês ou crianças pequenas. Mas como o álcool é um produto inflamável, alguns cuidados são necessários durante o seu manuseio e armazenamento.

Veja a seguir as diretrizes para a aquisição e uso correto e seguro do álcool a 70% líquido ou em gel:

- Ao comprar álcool em gel ou líquido, certifique-se de que conste no rótulo o nome do responsável técnico e do fabricante com registro na Anvisa. Isso é uma indicação de que o álcool seja de fonte confiável e não esteja adulterado ou contaminado com combustíveis fósseis (nocivos à saúde humana).
- Produtos regulares devem conter no rótulo o nome da empresa, seu CNPJ, autorização de funcionamento pela Anvisa, endereço, orientações de uso e cuidados com o produto.

- Em razão da emergência em saúde, a Anvisa autorizou a isenção temporária do registro de álcool em gel para aumentar sua produção. Portanto, essa informação pode não constar no rótulo. Mas informações como CNPJ, autorização de funcionamento, endereço, orientações de uso e cuidados com o produto continuam obrigatórias. Além disso, produtos com número de registro devem apresentar data de validade de até 180 dias.
- Adquira álcool e desinfetantes em estabelecimentos regulares. O Conselho Nacional de Combate à Pirataria e Delitos contra a Propriedade Intelectual (CNCP), a Anvisa e o Instituto Nacional de Metrologia, Qualidade e Tecnologia (Inmetro) recomendam a aquisição desses produtos em supermercados, mercados e farmácias.
- Evite adquirir álcool e saneantes de ambulantes, vendedores de porta em porta, caminhões ou peruas. A compra desses produtos de fornecedores não autorizados coloca os consumidores em risco.
- O uso do álcool em gel a 70% para a desinfecção das mãos deve ser feito apenas quando água e sabão não estiverem disponíveis, pois a utilização em excesso deste produto pode causar problemas dermatológicos e favorecer a entrada de patógenos através da pele danificada.
- O álcool em gel a 70% é o mais indicado para ser aplicado nas mãos (em comparação ao álcool líquido a 70%), pois é mais seguro e resseca menos as mãos. Ele também pode conter agentes hidratantes em sua formulação, o que ajuda a prevenir o ressecamento da pele. Outra vantagem do álcool em gel para a higienização das mãos é que em caso de acidentes ele não se espalha tão rápido quanto o álcool líquido.
- Ao aplicar álcool em gel nas mãos, é recomendado deixar o produto secar antes de manusear algo quente ou que envolva fogo, como cozinhar. Isso evita queimaduras caso o álcool pegue fogo.
- O álcool a 70% na forma líquida é indicado para a higienização de superfícies e objetos. Mas, em último caso, pode ser utilizado diretamente na pele se a versão em gel não estiver disponível. Neste caso, os cuidados devem ser redobrados para evitar possíveis acidentes com fogo.

- Para a aplicação do álcool líquido a 70% em superfícies é recomendado o uso de frascos *spray*. Devem ser evitadas tampas furadas ou frascos que não fecham apropriadamente, pois o álcool presente no produto é volátil e irá evaporar, reduzindo a capacidade de desinfecção do produto.
- Produtos com álcool em concentrações acima de 80% não devem ser utilizados na pele, pois quanto maior a concentração do álcool mais agressivos são. Além disso, o álcool em concentrações acima de 80% é menos eficaz no combate à COVID-19, pois evapora rápido demais, o que pode permitir a sobrevivência do vírus (KAMPF, 2020).
- Existem no mercado produtos à base de álcool em concentrações abaixo de 70% (como 46% ou 56%), mas não são eficazes. Somente fórmulas contendo álcool em concentrações de 62% a 71% são capazes de eliminar o vírus da COVID-19 (KAMPF et al., 2020).
- O álcool vendido em postos de combustível tem concentração de álcool acima de 90% e por isso é ineficaz no combate à COVID-19. Além disso, esse tipo de álcool pode conter compostos tóxicos em sua formulação, como metanol e hidrocarbonetos, e causar irritações na pele e olhos ou outras consequências mais graves, como cegueira e morte.
- O armazenamento do álcool em gel ou líquido deve ser cuidadoso, por ser uma substância volátil e inflamável. Os frascos de álcool devem ser mantidos longe do sol ou de qualquer fonte de calor, como fogões, churrasqueiras e fornos de microondas, já que o excesso de calor pode resultar em um incêndio. O local escolhido para armazenamento deve ser limpo e fresco (entre 15ºC e 30ºC de temperatura).
- Os frascos de álcool devem ser armazenados longe de crianças, pessoas idosas ou animais domésticos, devido ao risco de ingestão e queimaduras.
- Frascos de álcool não devem ser deixados dentro de veículos expostos ao sol ou a outras fontes de calor, pois pode haver uma explosão devido ao aumento da temperatura e à volatilidade do produto.

- Uma manta antifogo e um extintor de incêndio devem ficar em um local visível e próximo às áreas de armazenamento de álcool etílico. Todos os usuários do produto precisam estar cientes da existência destes recursos e de como usá-los.
- Apenas uma pessoa pode ficar responsável por armazenar (em local chaveado), manter estoque e abastecer os outros empregados com produtos de limpeza, especialmente álcool etílico. Isso reduz o desperdício e o desvio de recursos materiais que pertencem à escola.
- Confira abaixo a relação de produtos alternativos ao álcool a 70% e que podem ser utilizados para a desinfecção de objetos e superfícies no combate à COVID-19, de acordo com a Anvisa (2020):

- Água sanitária à base de hipoclorito de sódio a 0,5% (concentração recomendada também pela Anvisa, e OMS, 2020c);
- Alvejantes contendo hipoclorito (de sódio ou de cálcio) a 0,1%;
- Dicloroisocianurato de sódio (concentração de 1000 ppm de "cloro ativo", ver seção 10.3);
- Iodopovidona 1%;
- Peróxido de hidrogênio 0,5%;
- Ácido peracético 0,5%;
- Quaternários de amônio, por exemplo, o cloreto de benzalcônio 0,05%;
- Compostos fenólicos (creolina, concentração não especificada);
- Desinfetantes de uso geral aprovados.

Observação: A OMS (2020b, 2020c) recomenda o uso de água sanitária para a desinfecção de pisos, paredes e outras superfícies não metálicas em duas concentrações: 0,1% e 0,5%. A concentração de 0,5% é recomendada para superfícies muito sujas ou locais e momentos em que o contágio da COVID-19 é alto. Por outro lado, a real concentração de "cloro ativo" (ver seção 10.3) na água sanitária pode não ser aquela especificada na embalagem, devido a problemas como procedência duvidosa, defeitos na embalagem, envase inadequado, armazenamento incorreto, data de validade expirada e outros. Portanto, para assegurar que o uso em soluções desinfetantes seja eficaz no combate à CO-

VID-19, este guia recomenda concentrações de 0,5% em estabelecimentos de ensino para a limpeza diária.

10.2.1 Procedimentos mediante acidentes com álcool etílico (Anexo 8)

O etanol é extremamente inflamável e representa um sério risco de incêndio. Portanto, pode causar queimaduras quando usado em locais ou situações sob risco de incêndio (THERMOFISCHER SCIENTIFIC, 2019). Em caso de acidentes com álcool a 70% ou outros produtos contendo álcool etílico, siga as seguintes orientações (THERMOFISCHER SCIENTIFIC, 2019):

Inalação - Altas concentrações de vapor podem causar queimação na garganta e nariz, e lacrimação. Em concentrações que causam irritação, podem ocorrer tonturas, desmaios, sonolência, náuseas e vômitos. **Primeiros cuidados:** beber bastante líquidos e repousar.

Ingestão - Pode causar tonturas, desmaios, sonolência, diminuição da consciência e da resposta, euforia, desconforto abdominal, náuseas, vômitos, falta de coordenação e coma. **Primeiros cuidados:** mediante severos sintomas procurar ajuda médica. Mediante sintomas leves, beber líquidos em abundância e repousar.

Contato com os olhos - Vapores podem irritar os olhos. Os danos oculares causados pelo contato com o álcool líquido são reversíveis e o tratamento adequado resultará em cura em poucos dias. **Primeiros cuidados:** lavar os olhos com água limpa por alguns minutos.

Exposição Crônica - A ingestão de álcool etílico a longo prazo pode resultar no desenvolvimento de lesão hepática progressiva (como fibrose) e pode exacerbar lesões hepáticas produzidas por outras causas. Nestes casos, é recomendado suspender seu consumo.

Outros efeitos da superexposição - A ingestão repetida de etanol por mães grávidas demonstrou afetar adversamente o sistema nervoso central do feto, produzindo um conjunto de efeitos que, juntos, constituem a síndrome do álcool fetal.

Incêndios - Os pequenos incêndios devem ser extintos imediatamente usando água, extintores de incêndio ou uma manta antifogo. Para grandes incêndios, chamar os bombeiros e evacuar o prédio sem o uso de elevadores.

Outros acidentes - Se uma pessoa pegar fogo, ela deve imediatamente apagar as chamas com água ou enrolar-se em uma manta antifogo. Uma vez extinto o incêndio, se alguém estiver ferido, deve obter cuidados médicos imediatamente. Se houver outras pessoas no local quando alguém pegar fogo, estas devem imediatamente usar o extintor de incêndio, envolver a pessoa em uma manta antifogo ou usar outro meio para apagar as chamas.

Limpeza de derramamento - Conter o material derramado com toalhas ou outro material absorvente. Manter longe do local qualquer fonte de fogo ou faíscas.

10.3 O uso correto da água sanitária

A composição química da água sanitária é basicamente hipoclorito de sódio (ou hipoclorito de cálcio) com uma proporção de "cloro ativo" (íons de cloro disponíveis para matar microrganismos) de cerca de 2,5%. A água sanitária, quando utilizada adequadamente, é um desinfetante forte e eficaz (KAMPF, 2020). Seu ingrediente ativo desnatura proteínas de parede celular em microrganismos, sendo portanto eficaz na eliminação de bactérias, fungos e vírus.

A água sanitária, cuja ação é rápida, está amplamente disponível a um baixo custo e é recomendada para a desinfecção de superfícies não metálicas. Mas o uso inadequado da água sanitária pode reduzir sua eficácia na desinfecção e também pode prejudicar a saúde dos usuários (ECHA, 2009). Veja abaixo as recomendações básicas para o uso correto e seguro da água sanitária.

10.3.1 Aquisição e armazenamento da água sanitária

- Ao adquirir água sanitária verifique sua concentração, que em geral é de 2% a 2,5% de hipoclorito de sódio (ou cálcio). Essa é uma informação importante para o cálculo das quantidades de água sanitária e água potável (ver seção 10.3.3.1) para que se obtenha uma solução desinfetante na concentração capaz de eliminar o vírus da COVID-19 e evitar desperdícios.

- Ao comprar água sanitária, verifique se existe no rótulo as seguintes informações: número de registro no Ministério da Saúde, nome e endereço do fabricante, nome do produto, data da fabricação e prazo de validade. Se estas informações não estiverem listadas, desconfie da procedência do produto.
- Para que sua solução desinfetante funcione, a empresa fabricante deve ser confiável, pois a concentração citada no rótulo do produto precisa estar correta e o produto livre de adulterações.
- A água sanitária se decompõe com o tempo. Portanto, para garantir sua eficácia, compre apenas água sanitária produzida recentemente (após envasada, ela dura no máximo 6 meses) e evite a estocagem excessiva.
- Para evitar acidentes, armazene a água sanitária em local fechado e longe de crianças, idosos e animais.
- A água sanitária **não diluída** libera um gás tóxico quando exposta à luz solar, por isso seu armazenamento deve ser feito em local fresco e à sombra (ECHA, 2009).

10.3.2 Principais precauções ao manusear água sanitária

- Evitar tocar nos olhos ao manusear água sanitária. Se o alvejante entrar nos olhos, lavá-los imediatamente com água limpa por cerca de 10 minutos e consultar um médico.
- Lavar bem as mãos após manusear água sanitária.
- Utilizar em áreas bem ventiladas, pois é um irritante das vias aéreas.
- Usar EPIs (como máscara, luvas e óculos de proteção) quando for utilizar este alvejante, pois a água sanitária pode causar irritações na pele, nos olhos, nas mucosas e nas vias aéreas.

- **Nunca misturar a água sanitária com outros produtos de limpeza,** uma vez que o hipoclorito de sódio pode reagir violentamente com outras substâncias químicas e causar intoxicações (ECHA, 2009).
- Usar uma colher ou copo para medir com precisão as quantidades de alvejante e água potável na preparação da solução desinfetante com água sanitária, garantindo a concentração indicada (ver seção 10.3.3). Isso evita desperdícios e reduz a poluição ambiental (ver seção 10.3.5).
- Adotar certos utensílios para fazer a solução desinfetante com água sanitária e usar sempre os mesmos. Etiquetar ou escrever nestes utensílios para que outras pessoas não os usem para outros fins. Isso impede possíveis intoxicações.
- Sempre etiquetar as soluções de limpeza e escrever no frasco o seu conteúdo e a data. Isso evita acidentes e também previne que uma solução antiga e com baixo poder desinfetante seja usada. Utilizar uma etiqueta grande no frasco e escrever a data e o horário em que a última solução foi feita ao longo do tempo. Assim sendo, não é necessário trocar a etiqueta com frequência.

Importante: **O mau uso da água sanitária pode causar intoxicações!** A água sanitária pode reagir com outros produtos e formar gases prejudiciais à saúde. Por isso, ela nunca deve ser usada juntamente com outros produtos químicos e/ou de limpeza. A diluição da água sanitária deve ser feita apenas em água potável em temperatura ambiente (ECHA, 2009).

10.3.3 O preparo de soluções com água sanitária

- A solução desinfetante com água sanitária a 0,5% de concentração de hipoclorito de sódio é recomendada para a desinfecção de superfícies e objetos (não metálicos) no combate à COVID-19 (CDC, 2019; ANVISA, 2020).
- As soluções com água sanitária devem ser preparadas diariamente e usadas logo após o preparo, quando sua capacidade desinfetante está ao máximo.

- A água sanitária diluída é instável e por isso seu poder desinfetante é reduzido com o passar do tempo. Portanto, para uma desinfecção eficaz, use água sanitária diluída dentro de no máximo 12 horas após o preparo.
- Agite a solução com água sanitária antes de usá-la e mantenha-a em um frasco fechado, longe da luz e do calor. A luz, o calor e o contato com o ar reduzem a capacidade desinfectante da água sanitária, pois degradam o "cloro ativo" (ver seção 10.3).
- As soluções feitas com água sanitária, assim como com outros desinfetantes (ver seção 10.1), perdem a eficácia na presença de matéria orgânica (como sangue, terra, resíduos de alimentos, e outros). Por isso, em superfícies muito sujas (com muitos resíduos orgânicos) é recomendada uma limpeza prévia com sabão detergente e água antes da aplicação de um desinfectante. Caso contrário, a desinfecção não será efetiva.
- Sempre use água limpa (potável) para preparar sua solução desinfectante, pois, se a água usada tiver matéria orgânica diluída, a capacidade de desinfeção da solução será menor.
- A água sanitária deve ser diluída em água fria, pois a água quente decompõe o ingrediente ativo do alvejante, tornando-o ineficaz.
- Para evitar a deterioração de metais, tecidos e superfícies pintadas, não use água sanitária nestes materiais.
- **Soluções com água sanitária não devem ser usadas para a higiene de rotina das mãos**, uma vez que danificam a pele, causando irritações ou problemas mais sérios. Porém, em uma situação de emergência, quando água e sabão ou álcool a 70% não estiverem disponíveis, utilize uma solução com 0,05% de cloro.

10.3.3.1 Cálculo das concentrações de água sanitária (hipoclorito de sódio) e água potável na preparação de soluções desinfetantes (Anexo 9)

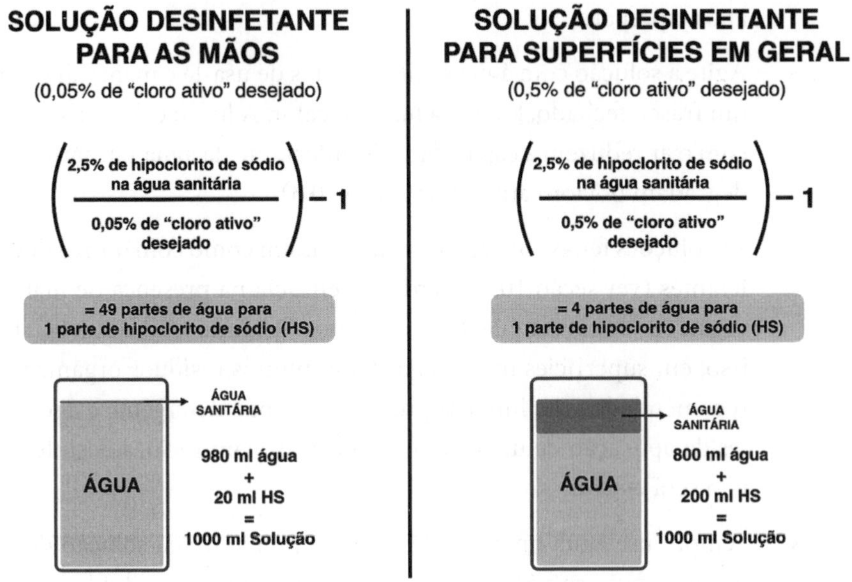

Portanto, se a água sanitária tem uma concentração de 2,5% de hipoclorito de sódio (consulte a concentração no rótulo) e desejamos uma solução com uma concentração de "cloro ativo" de 0,5%, é necessário misturar 4 copos de água potável com 1 copo de água sanitária (utilizando o mesmo copo como medida).

10.3.4 Como fazer o descarte adequado da água sanitária

O descarte inadequado da água sanitária irá poluir o meio ambiente e perturbar o equilíbrio ecológico. Para evitar isso, **deixe as sobras da solução com cloro expostas ao sol em um recipiente aberto, preferencialmente ao ar livre, por algumas horas antes do descarte.** Isso permitirá que o "cloro ativo" se degrade (WHO, 2003). Se a exposição ao sol não for possível, simplesmente mantenha as sobras da solução com água sanitária em um local arejado e longe da circulação de pessoas; utilize um recipiente preferencialmente aberto e deixe as sobras ali por alguns dias antes do descarte.

10.3.5 Efeitos do cloro na saúde humana e no meio ambiente

O cloro, quando chega ao meio ambiente, reage com os ácidos húmicos e fúlvicos que se formam com a decomposição da matéria orgânica e produz inúmeros outros compostos químicos que são coletivamente chamados de subprodutos de desinfecção (DBPs). Juntos, poluem o meio ambiente e causam danos à flora e à fauna (RICHARDSON, 2002; ECHA, 2009). Estes compostos também estão ligados a uma variedade de efeitos adversos na saúde humana, como um maior risco de câncer na bexiga, mal-formações em bebês e o aumento da incidência de abortos espontâneos (GRAZULEVICIENE et al., 2013). Portanto, para contribuir com a preservação da saúde humana e ambiental, devemos usar apenas a quantidade necessária de água sanitária ou qualquer outro produto contendo cloro, e o descarte deve ser feito apropriadamente (ver seção 10.3.4).

10.3.6 Procedimentos mediante acidentes com água sanitária e outros produtos com cloro (Anexo 10)

Em caso de acidentes, siga as seguintes orientações (ECHA, 2009; ATSDR, 2021):

Contato com a pele - Sempre use luvas ao manusear produtos com cloro. Se alguma solução contendo cloro entrar em contato com a pele e causar vermelhidão, queimaduras ou coceiras, lave a área atingida com água corrente por cerca de 5 minutos. Se os sintomas não regredirem, procure um dermatologista.

Contato com os olhos - Lave os olhos com água potável e corrente por cerca de 10 minutos. Se ainda assim sentir irritação ou os olhos ficarem embaçados, procure um oftalmologista.

Inalação - Procure não permanecer em locais mal arejados onde alguma solução contendo cloro tenha sido aplicada recentemente. Se o cloro for utilizado em local fechado, é possível causar mal-estar, dores de cabeça e falta de ar. Neste caso, beba bastante água. Se os sintomas persistirem, procure um médico.

Ingestão - Em caso de ingestão de algum produto com cloro, **provocar vômitos não é a melhor alternativa**. O recomendado é que a pessoa em questão coma clara de ovo ou gelatina líquida, e procure um médico.

Lista de siglas e unidades

Aids - Síndrome da imunodeficiência adquirida. Sigla do inglês para *Acquired Immunodeficiency Syndrome*

Anvisa - Agência Nacional de Vigilância Sanitária

ATSDR - Agência para substâncias tóxicas e registro de enfermidades, nos Estados Unidos. Sigla do inglês para *Agency for Toxic Substances and Disease Registry*

AVC - Acidente Vascular Cerebral

ºC - Graus Celsius (unidade de temperatura)

CDC - Centros de Controle e Prevenção de Doenças, dos Estados Unidos. Sigla do inglês para *Centers for Disease Control and Prevention*

CEBM - Centro de Medicina Baseada em Evidências. Sigla proveniente do inglês para *Centre for Evidence-Based Medicine*

CNCP - Conselho Nacional de Combate à Pirataria e Delitos contra a Propriedade Intelectual

CNPJ - Cadastro Nacional da Pessoa Jurídica

COVID-19 - Nome dado à doença causada pelo vírus SARS-CoV-2. Sigla do inglês para *Coronavirus Disease 2019*

DBPs - Subprodutos de desinfecção. Sigla proveniente do inglês para *Disinfection By-Products*

EAD - Ensino a distância

ECHA - Agência Europeia de Produtos Químicos. Sigla proveniente do inglês para *European Chemicals Agency*

EPI - Equipamento de proteção individual

HIV - Vírus da imunodeficiência humana. Sigla proveniente do ingles para *Human Immunodeficiency Virus*

Inmetro - Instituto Nacional de Metrologia, Qualidade e Tecnologia

MIS-C - Síndrome inflamatória multissistêmica em crianças. Sigla proveniente do inglês para *Multisystem Imflammatory Syndrome in Children*

MMFDH - Ministério da Mulher, da Família e dos Direitos Humanos

OMS - Organização Mundial da Saúde. Sigla em português para WHO (*World Health Organization*)

ppm - Partes por milhão (unidade de concentração)

SARS-CoV-2 - Sigla do inglês para *Severe Acute Respiratory Syndrome Coronavirus 2*

Unicef - Fundo Internacional de Emergência das Nações Unidas para a Infância. Sigla do inglês para *United Nations International Children's Fund*

UTI - Unidade de terapia intensiva

% - Unidade de porcentagem

Referências

ANVISA. Agência Nacional de Vigilância Sanitária. **COVID-19, Informações Importantes.** Disponível em: http://portal.anvisa.gov.br/coronavirus/. Acesso em: 10 dez. 2020.

ATSDR. Agency for Toxic Substances and Disease. **ToxFAQs, Calcium Hypochlorite/Sodium Hypochlorite.** Division of Toxicology, U.S. Department of Health and Human Services. Disponível em: https://www.atsdr.cdc.gov/es/toxfaqs/es_tfacts184.html. Acesso em: 20 abr. 2021.

BUECKERT, M. *et al.* Infectivity of SARS-CoV-2 and other coronaviruses on dry surfaces: potential for indirect transmission. **Materials (Basel)**, v. 13, n. 22, p. 5211, 2020. DOI: 10.3390/ma13225211. PMID: 33218120; PMCID: PMC7698891.

BYAMBASUREN, O. *et al.* **Estimating the Extent of True Asymptomatic COVID-19 and its Potential for Community Transmission: Systematic Review and Meta-Analysis.** 2020. DOI: https://doi.org/10.1101/2020.05.10.20097543. Disponível em: https://www.medrxiv.org/content/10.1101/2020.05.10.20097543v3. Acesso em: 20 abr. 2021.

CDC. Centers for Disease Control and Prevention. **Symptoms of COVID-19.** Feb. 2021a. Disponível em: https://www.cdc.gov/coronavirus/2019-ncov/symptoms-testing/symptoms.html. Acesso em: 3 maio 2021.

CDC. Centers for Disease Control and Prevention. **How to Wear Masks.** Jan. 2021b. Disponível em: https://www.cdc.gov/coronavirus/. Acesso em: 10 dez. 2020.

CDC. Centers for Disease Control and Prevention. **Interim Public Health Recommendations for Fully Vaccinated People.** Apr. 2021c. Disponível em: https://www.cdc.gov/coronavirus/2019-ncov/vaccines/fully-vaccinated-guidance.html. Acesso em: 10 abr. 2021.

CDC. Centers for Disease Control and Prevention. **Operational Strategy for K-12 Schools through Phased Prevention.** Apr. 2021d. Disponível em: https://www.cdc.gov/coronavirus/2019-ncov/community/schools-childcare/operation-strategy.html?CDC_AA_refVal=https%3A%2F%2Fwww.cdc.gov%2Fcoronavirus%2F2019-ncov%2Fcommunity%2Fschools-childcare%2Fschools.html. Acesso em: 28 abr. 2021.

CDC. Centers for Disease Control and Prevention. **CDC Updates Operational Strategy for K-12 Schools to Reflect New Evidence on Physical Distance in Classrooms.** Mar. 2021e. Disponível em: https://www.cdc.gov/media/releases/2021/p0319-new-evidence-classroom-physical-distance.html. Acesso em: 3 maio 2021.

CDC. Centers for Disease Control and Prevention. **When to Quarantine.** Mar. 2021f. Disponível em: https://www.cdc.gov/coronavirus/2019-ncov/if-you-are-sick/quarantine.html. Acesso em: 29 abr. 2021.

CDC. Centers for Disease Control and Prevention. **For Parents: Multisystem Inflammatory Syndrome in Children (MIS-C) Associated with COVID-19.** Feb. 2021g. Disponível em: https://www.cdc.gov/coronavirus/2019-ncov/daily-life-coping/children/mis-c.html. Acesso em: 29 abr. 2021.

CDC. Centers for Disease Control and Prevention. **COVID-19 and Animals.** Mar. 2021h. Disponível em: https://www.cdc.gov/coronavirus/2019-ncov/daily-life-coping/animals.html. Acesso em: 29 abr. 2021.

CDC. Centers for Disease Control and Prevention. **Your Guide to Masks.** Apr. 2021i. Disponível em: https://www.cdc.gov/coronavirus/2019-ncov/prevent-getting-sick/about-face-coverings.html. Acesso em: 3 maio 2021.

CDC. Centers for Disease Control and Prevention. **People with Certain Medical Conditions.** Apr. 2021j. Disponível em: https://www.cdc.gov/coronavirus/2019-ncov/need-extra-precautions/people-with-medical-conditions.html. Acesso em: 3 maio 2021.

CDC. Centers for Disease Control and Prevention. **Rationale and Considerations for Chlorine Use in Infection Control for Non U.S. General Healthcare Settings.** May 2019. Disponível em: https://www.cdc.gov/vhf/ebola/clinicians/non-us-healthcare-settings/chlorine-use.html. Acesso em: 3 jun. 2021.

CEBM. Centre for Evidence-Based Medicine. **What is the Evidence to Support the 2-Metre Social Distancing Rule to Reduce COVID-19 Transmission?** June 2020. Disponível em: https://www.cebm.net/covid-19/what-is-the-evidence-to-support-the-2-metre-social-distancing-rule-to-reduce-covid-19-transmission. Acesso em: 20 abr. 2021.

CHENG, V.C. *et al.* The role of community-wide wearing of face mask for control of coronavirus disease 2019 (COVID-19) epidemic due to SARS-CoV-2. **J Infect**, v. 81, n. 1, p. 107-114, 2020. DOI: 10.1016/j.jinf.2020.04.024.

DOREMALEN, N. VAN *et al.* Aerosol and Surface Stability of SARS-CoV-2 as Compared with SARS-CoV-1. **N Engl J Med**, v. 382, n. 16, p. 1564-1567, 2020. DOI: 10.1056/NEJMc2004973. PMID: 32182409; PMCID: PMC7121658.

ECHA. European Chemicals Agency. **Sodium hypochlorite - Summary Risk Assessment Report.** Sep. 2009. Disponível em: https://echa.europa.eu/documents/10162/a5ae9101-7a5d-49cc-af75-d14d1162b3f8. Acesso em: 20 abr. 2021.

GABRIEL, L., LUIZA & KOLARIK, MAITÊ & CASTRO, F. **Detecção de *Legionella spp* em fontes de água da comunidade em Brasília, Distrito Federal.** Programa de Iniciação Científica - PIC/UniCEUB - Relatórios de Pesquisa, 2018. DOI: http://dx.doi.org/10.5102/pic.n3.2017.5836.

GRAZULEVICIENE, R. *et al.* Risk of Congenital Anomalies in Relation to the Uptake of Trihalomethane from Drinking Water During Pregnancy. **Occup Environ Med,** v. 70, n. 4, p. 274-282, 2013. DOI: 10.1136/oemed-2012-101093. PMID: 23404756; PMCID: PMC3607117.

HOWARD, J. *et al.* An Evidence Review of Face Masks Against COVID-19. **Proc Natl Acad Sci USA**, n. 26, v. 118, p. 4, Article ID 2014564118, Jan. 2021. DOI: 10.1073/pnas.2014564118. PMID: 33431650; PMCID: PMC7848583.

ISMAIL, S.A. *et al.* SARS-CoV-2 Infection and Transmission in Educational Settings: a Prospective, Cross-Sectional Analysis of Infection Clusters and Outbreaks in England. **Lancet Infect Dis**, n. S1473-3099, v. 20, p. 30882-3, 2020. DOI: 10.1016/S1473-3099(20)30882-3

KAMPF, G. *et al.* Persistence of Coronaviruses on Inanimate Surfaces and its Inactivation with Biocidal Agents. **J Hosp Infect,** n. 104, v. 3, p. 246-251, 2020. DOI: 10.1016/j.jhin.2020.01.022. PMID: 32035997; PMCID: PMC7132493.

KAMPF, G. Potential Role of Inanimate Surfaces for the Spread of Coronaviruses and Their Inactivation with Disinfectant Agents. **Infect Prev Pract,** n. 2, v. 100044. 2020. DOI: https://doi.org/10.1016/j.infpip.2020.100044.

LIU, Y. *et al.* Aerodynamic Analysis of SARS-CoV-2 in Two Wuhan Hospitals. **Nature**, n. 582, v. 7813, p. 557-560, 2020. DOI: 10.1038/s41586-020-2271-3. PMID: 32340022.

LIU, Y. *et al.* Stability of SARS-CoV-2 on Environmental Surfaces and in Human Excreta. **J Hosp Infect**, n. 107, p. 105-107, 2021. DOI: 10.1016/j.jhin.2020.10.021. PMID: 33137445; PMCID: PMC7603996.

LU, J. *et al.* COVID-19 Outbreak Associated with Air Conditioning in Restaurant, Guangzhou, China, 2020. **Emerg Infect Dis**, n. 26, v. 7, p. 1628-1631, 2020. DOI: 10.3201/eid2607.200764. PMID: 32240078; PMCID: PMC7323555.

MAK, J.W.Y.; CHAN, F.K.L.; NG, S.C. Probiotics and COVID-19: One Size Not Fit All. **The Lancet, Gastroenterol & Hepatol**, n. 5, v. 7, p. 644-645, 2020. DOI: https://doi.org/10.1016/S2468-1253(20)30122-9.

MMFDH. Ministério da Mulher, da Família e dos Direitos Humanos. **Pessoas com deficiência e com doenças raras e o COVID-19.** Disponível em: https://sway.office.com/tDuFxzFRhn1s8GGi?ref=Link. Acesso em: 2 maio 2021.

MORAWSKA, L.; CAO, J. Airborne Transmission of SARS-CoV-2: The World Should Face the Reality. **Environ Int,** n. 139, v. 105730, 2020. DOI: 10.1016/j.envint.2020.105730. PMID: 32294574; PMCID: PMC7151430.

PASCARELLA, G. *et al.* COVID-19 Diagnosis and Management: a Comprehensive Review. **J Intern Med,** n. 288, v. 2, p. 192-206, 2020. DOI: 10.1111/joim.13091. PMID: 32348588; PMCID: PMC7267177.

RICHARDSON, S.D. The role of GC-MS and LC-MS in the Discovery of Drinking Water Disinfection By-Products. **J Environ Monit,** n. 4, v. 1, p. 1-9, 2002. DOI: 10.1039/b105578j. PMID: 11871687.

SOMSEN, G.A. *et al.* Small Droplet Aerosols in Poorly Ventilated Spaces and SARS-CoV-2 Transmission. **Lancet Respir Med,** n. 8, v. 7, p. 658-659, 2020. DOI: 10.1016/S2213-2600(20)30245-9. PMID: 32473123; PMCID: PMC7255254.

STEIN-ZAMIR, C. *et al.* A large COVID-19 Outbreak in a High School 10 days After Schools' Reopening, Israel, May 2020. **Euro Surveill**, n. 25, p. 29, Article ID 2001352, 2020. DOI:10.2807/1560-7917.ES.2020.25.29.2001352.

TAN, J. *et al.* Transmission and Clinical Characteristics of Asymptomatic Patients with SARS-CoV-2 Infection. **Future Virol,** n. 15, p. 6, 2020. DOI: http://dx.doi.org/10.2217/fvl-2020-0087.

THERMOFISHER SCIENTIFIC. Material Safety Data Sheet: Ethanol solution 70%. **Occupational Health and Safety Act (OHSA)**. 2019. Disponível em: https://www.fishersci.com/store/msds?partNumber=BP8201500&productDescription=70%25+ETHANOL+SOLUTION&vendorId=VN00033897&countryCode=US&language=en. Acesso em: 20 abr. 2021.

STORM, N. *et al.* Rapid and Complete Inactivation of SARS-CoV-2 by Ultraviolet-C Irradiation. **Sci Rep**, n. 10, v. 22421, 2020.

UNICEF. United Nations International Children's Fund. **Key Messages and Actions for COVID-19 Prevention and Control in Schools.** March 2020a. Disponível em: https://www.unicef.org/romania/documents/key-messages-and-actions-covid-19-prevention-and-control-schools. Acesso em: 20 abr. 2021.

UNICEF. United Nations International Children's Fund. **COVID-19 and masks: Tips for families.** Aug. 2020b. Disponível em: https://www.unicef.org/coronavirus/covid-19-and-masks-tips-families. Acesso em: 28 abr. 2021.

USMAN, M.; FAROOQ, M.; HANNA, K. Environmental Side Effects of the Injudicious Use of Antimicrobials in the Era of COVID-19. **Sci Total Environ**, n. 745, v. 141053, 2020. DOI: 10.1016/j.scitotenv.2020.141053. PMID: 32702547; PMCID: PMC7368658.

WHO. World Health Organization. **Chlorine in Drinking-Water. Background Document For Development of WHO Guidelines For Drinking-Water Quality.** 2003. Disponível em: https://www.who.int/water_sanitation_health/publications/chlorine/en/. Acesso em: 20 abr. 2021.

WHO. World Health Organization. **COVID-19 and Food Safety: Guidance for Food Businesses: Interim Guidance.** 2020a. Disponível em: https://www.who.int/publications/i/item/covid-19-and-food-safety-guidance-for-food-businesses. Acesso em: 21 abr. 2021.

WHO. World Health Organization. **Coronavirus Disease (COVID-19): Cleaning and Disinfecting Surfaces in Non-Health Care Settings.** May 2020b. Disponível em: https://www.who.int/news-room/q-a-detail/coronavirus-disease-covid-19-cleaning-and-disinfecting-surfaces-in-non-health-care-settings. Acesso em: 21 abr. 2021.

WHO. World Health Organization. **Water, Sanitation, Hygiene and Waste Management for the COVID-19 Virus.** Technical brief, 3 March 2020c. Disponível em: https://apps.who.int/iris/bitstream/handle/10665/331305/WHO-2019-NcOV-IPC_WASH-2020.1-eng.pdf?sequence=1&isAllowed=y. Acesso em: 21 abr. 2021.

WHO. World Health Organization. **Key Messages and Actions for COVID-19 Prevention and Control in Schools.** Joint document UNICEF, WHO, IFRC, March 2020d. Disponível em: https://www.who.int/publications/m/item/key-messages-and-actions-for-covid-19-prevention-and-control-in-schools. Acesso em: 3 maio 2021.

Anexo 1

Principais sintomas da COVID-19

- Febre (temperatura corporal igual ou superior a 37,6 °C)
- Calafrios ou tremores
- Tosse
- Dificuldade para respirar ou falta de ar
- Perda de paladar ou olfato
- Dor de garganta
- Dor de cabeça, quando em combinação com outros sintomas
- Dores musculares ou no corpo
- Náuseas, vômitos ou diarreia
- Fadiga, quando em combinação com outros sintomas
- Congestão ou corrimento nasal

Observações:

- Quando apresentar alguns dos sintomas mencionados acima, o mais importante a fazer é ficar em casa e longe de outras pessoas.
- Alguns sintomas da COVID-19 são os mesmos de uma gripe ou resfriado comum, mas, em caso de dúvida, as precauções preventivas devem ser tomadas!

Anexo 2

Medidas preventivas gerais contra a COVID-19

- Ao tossir ou espirrar, cubra a boca e o nariz com um lenço descartável dobrado. Elimine o lenço usado imediatamente em lixeira com tampa e higienize as mãos em seguida.
- Na falta de um lenço descartável, cubra a boca e o nariz com a parte interna do cotovelo ao tossir ou espirrar.
- Use a máscara corretamente, incluindo a higiene das mãos antes e após a remoção da máscara.
- Use máscara ao pegar o transporte público, em lugares com grande circulação de pessoas e dentro da escola.
- Não compartilhe itens pessoais, como copos, talheres, toalhas e outros.
- Evite o contato próximo com qualquer pessoa, especialmente as que possuem sintomas de doenças respiratórias, como tosse e espirros.
- Se apresentar febre ou sintomas respiratórios, **não vá à escola** e procure orientação médica prontamente.
- Construa uma boa imunidade corporal por meio de uma dieta balanceada, exercícios físicos regulares, exposição moderada ao sol, descanso adequado, e evite cigarros e bebidas alcoólicas.

Anexo 3

Quando higienizar as mãos

Mãos contaminadas por COVID-19 podem ser uma fonte de disseminação da doença. Por isso, é importante fazer a higiene das mãos, especialmente nas seguintes situações:

- Antes e depois de tocar nos olhos, nariz ou boca.
- Antes e depois de comer.
- Depois de usar o banheiro.
- Depois de tocar em instalações públicas ou equipamentos como corrimões, torneiras, puxadores ou maçanetas.
- Depois de assoar o nariz, tossir, espirrar ou qualquer ação que contamine as mãos por secreção respiratória.
- Sempre que as mãos estiverem visivelmente sujas.

Anexo 4

Como lavar corretamente as mãos

- Molhe as mãos com água corrente e limpa.
- Aplique sabão nas mãos, massageando-as, inclusive as costas das mãos, entre os dedos e sob as unhas. Faça isso durante pelo menos 20 segundos.
- Enxágue bem com água corrente.
- Seque com uma toalha de uso único ou secador de mãos, conforme disponível.

Observação: O uso e compartilhamento de toalhas de tecido devem ser evitados, pois podem ser um meio de disseminação da COVID-19.

Anexo 5

Como usar corretamente máscaras faciais

- Lave as mãos antes de colocar a máscara.
- Coloque-a sobre o nariz e a boca, prenda-a sob o queixo.
- Encaixe-a confortavelmente contra as laterais do rosto.
- Certifique-se de que você possa respirar facilmente e que não existam passagens de ar pelas laterais e cantos da máscara. Caso contrário, ajuste sua máscara.
- Não toque em sua máscara, mas, se necessário, higienize as mãos antes de tocá-la.
- Tire a máscara com cuidado quando você estiver em casa e lave-a com água e sabão (se for uma máscara lavável).
- Não toque nos olhos, nariz e boca ao remover a máscara.
- Lave as mãos imediatamente após a remoção da máscara.

Observações:

- Não use máscaras sujas, úmidas ou molhadas. Tenha sempre com você uma (ou mais) máscara extra para substituir pela máscara em uso quando esta ficar úmida.
- Não coloque a máscara ao redor do pescoço ou testa.
- Descarte máscaras descartáveis em lixeiras com tampas.

Anexo 6

Como usar luvas corretamente

- Lave as mãos com água e sabão antes de colocar as luvas para evitar que microrganismos se proliferem entre as luvas e as mãos.
- Enquanto estiver de luvas, não manipule objetos desnecessariamente. Se ocorrer, lave as mãos enluvadas com água e sabão do mesmo modo que lavaria as mãos.
- Evite tocar no rosto, especialmente na boca, nariz e olhos.
- Retire as luvas imediatamente após o término das atividades.
- Não toque na parte externa das luvas ao removê-las.
- Se as luvas forem descartáveis, descarte-as em lixeira com tampa; se forem luvas reutilizáveis, desinfecte-as com uma solução desinfetante.
- Lave as mãos imediatamente após a retirada das luvas.

Observação: Higienizadores de mãos podem ser utilizados para higienizar as mãos ou mãos enluvadas quando água e sabão não estiverem disponíveis.

Anexo 7

Diretrizes em casos de derramamento de fluidos e resíduos corporais

A equipe de limpeza deve:

1. Usar equipamentos de proteção individual (EPIs), como luvas, máscara e escudo facial.
2. Utilizar jornal ou papel absorvente para limpar sangue, secreções, vômitos ou excrementos durante uma limpeza preliminar.
3. Colocar o jornal ou papel absorvente sujo em um saco de lixo, sem contaminar a si ou ao meio ambiente.
4. Desinfectar todas as superfícies com 0,5% de hipoclorito de sódio ou com álcool etílico a 70%.
5. Após o procedimento, desinfectar todos os utensílios de limpeza reutilizáveis que foram usados.
6. Retirar cuidadosamente os EPIs, **mantendo apenas as luvas.**
7. Colocar os EPIs descartáveis em um saco de lixo.
8. Em seguida, desinfectar os EPIs reutilizáveis com álcool líquido a 70%.
9. Higienizar as luvas com álcool a 70% se forem luvas reutilizáveis. Se descartáveis, colocá-las em um saco de lixo sem tocá-las na parte externa.
10. Higienizar as mãos com água e sabão ou álcool etílico a 70%.
11. Fechar bem o saco de lixo com os resíduos e materiais descartáveis utilizados e etiquetar o lixo (avisando que é lixo contaminado).
12. Colocar o lixo em um local onde pessoas ou animais não possam abri-los antes da coleta.
13. Lavar as mãos novamente com água e sabão.

Anexo 8

Procedimentos mediante acidentes com álcool etílico

- **Inalação** - Altas concentrações de vapor podem causar queimação na garganta e no nariz e lacrimação. Em concentrações que causam irritação, podem ocorrer tonturas, desmaios, sonolência, náuseas e vômitos. ***Primeiros cuidados: beber bastante líquido e repousar.***
- **Ingestão** - Pode causar tonturas, desmaios, sonolência, diminuição da consciência e da resposta, euforia, desconforto abdominal, náuseas, vômitos, falta de coordenação e coma. ***Primeiros cuidados: mediante severos sintomas, procurar ajuda médica. Diante de sintomas leves, beber líquidos em abundância e repousar.***
- **Contato com os olhos** - Vapores ou o contato com o álcool líquido podem irritar os olhos. ***Primeiros cuidados: lavar os olhos com água limpa por alguns minutos.***
- **Gestantes** - A ingestão repetida de etanol por gestantes prejudica o sistema nervoso central do feto, produzindo um conjunto de efeitos que constituem a síndrome do álcool fetal.
- **Incêndios** - Pequenos incêndios devem ser extintos usando água, extintores de incêndio ou uma manta antifogo. Para grandes incêndios, chamar os bombeiros e evacuar o prédio sem o uso de elevadores.
- **Outros acidentes** - Se alguém pegar fogo, deve-se apagar as chamas com água ou enrolar-se em uma manta antifogo. Uma vez extinto o incêndio, o ferido deve obter cuidados médicos imediatamente. Para socorrer alguém que pegar fogo, use extintor de incêndio água ou envolva a pessoa em uma manta antifogo.
- **Limpeza de derramamento** - Contenha o material derramado com toalhas ou outro material absorvente e mantenha longe fontes de fogo ou faíscas.

Anexo 9

Cálculo na preparação de soluções desinfetantes com água sanitária

O cálculo das quantidades de água sanitária (hipoclorito de sódio) e água potável na preparação de soluções desinfetantes pode ser feito da seguinte forma:

SOLUÇÃO DESINFETANTE PARA AS MÃOS

(0,05% de "cloro ativo" desejado)

$$\left(\frac{\text{2,5\% de hipoclorito de sódio na água sanitária}}{\text{0,05\% de "cloro ativo" desejado}}\right) - 1$$

= 49 partes de água para 1 parte de hipoclorito de sódio (HS)

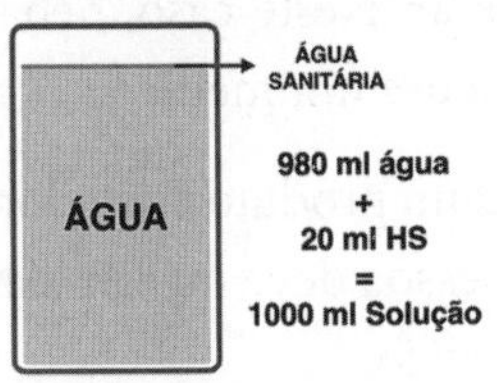

SOLUÇÃO DESINFETANTE PARA SUPERFÍCIES EM GERAL

(0,5% de "cloro ativo" desejado)

$$\left(\frac{\text{2,5\% de hipoclorito de sódio na água sanitária}}{\text{0,5\% de "cloro ativo" desejado}}\right) - 1$$

= 4 partes de água para 1 parte de hipoclorito de sódio (HS)

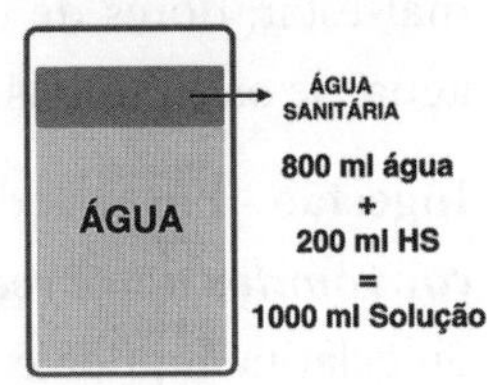

Portanto, se a água sanitária tem uma concentração de 2,5% de hipoclorito de sódio (veja concentração no rótulo) e desejar uma solução com uma concentração de "cloro ativo" de 0,5%, é necessário misturar 4 copos de água potável com 1 copo de água sanitária (utilizando o mesmo copo como medida).

Anexo 10

Procedimentos mediante acidentes com água sanitária

- **Contato com a pele** - Sempre use luvas ao manusear produtos com cloro. Se uma solução com cloro entrar em contato com a pele e causar vermelhidão, queimaduras ou coceira, lave a área atingida com água corrente por cerca de 5 minutos. Se os sintomas não regredirem, procure um dermatologista.
- **Contato com os olhos** - Lave os olhos com água potável e corrente por cerca de 10 minutos. Se ainda assim sentir irritação ou os olhos ficarem embaçados, procure um oftalmologista.
- **Inalação** - Procure não permanecer em locais mal-arejados onde alguma solução contendo cloro tenha sido aplicada recentemente. Se o cloro for utilizado em um local fechado, é possível causar mal-estar, dores de cabeça e falta de ar. Neste caso, beba bastante água. Se os sintomas persistirem, procure um médico.
- **Ingestão** - Em caso de ingestão de algum produto com cloro, ***provocar vômitos não é recomendado.*** A pessoa deve ingerir clara de ovo ou gelatina líquida e procurar um médico.

Sobre a autora

- Pesquisadora acadêmica e industrial em biologia, nas áreas de toxicologia e bioquímica.
- Educadora e consultora internacional desde 2002.
- Doutora (Ph.D.) em ciências ambientais com ênfase em toxicologia pela Universidade de Gotemburgo (Suécia).
- Mestre (M.Sc.) em bioquímica do sistema nervoso central pela UFRGS (Rio Grande do Sul, Brasil).
- Mestre (M.Sc.) em biologia marinha e mudanças climáticas pela Universidade de Lund (Suécia).
- Fundadora da Verti Consultoria, uma empresa criada para reduzir a lacuna entre a ciência e a sociedade.

Para mais informações sobre a autora acesse: *verticonsultoria.com*

Conecte-se com a autora no Instagram: *@dra.karinebresolin*

GRÁFICA PAYM
Tel. [11] 4392-3344
paym@graficapaym.com.br